Wolfgang Sobols Gedichte und Kurzgeschichten entstehen wie die Wolken am Himmel oder das Leuchten eines nächtlichen Meteoriten.

Plötzlich erscheinen sie am Horizont ihres Eigentümers und bleiben dort für wenige Momente, bis sie, sollte ihr Erscheinungsbild nicht niedergeschrieben werden, wie morgendlicher Nebeldunst sich verflüchtigen - unsichtbar davon schweben.

Zurück bleibt der ungewisse Verdacht, dass hier etwas sehr Seltsames passiert sein muss. Etwas, was rechts und links von Alltäglichkeiten geschieht oder darüber oder darunter. Kaum jemand benötigt es, deshalb ist sein Platz in der Nahrungskette so weit oben angesiedelt. Dort oben sind die elementaren Bedürfnisse befriedigt und das Satt verdirbt den Appetit auf jene hintergründig mysteriösen Erscheinungen.

Wolfgang Otto Martin Sobol (geb. Plan), wurde am 22.Juli 1952 in Blankenhain/Thüringen geboren, verbrachte hier seine Kindheit, ging zur Schule, um im Alter von 13 Jahren diesen Ort zu verlassen. Er besuchte das Sportgymnasium in Erfurt als Hammerwerfer, arbeitete als Transportarbeiter, als Schlichter und Dreher, war Grenzsoldat, studierte Sportwissenschaften in Leipzig, war Assistent in einem Wintersportclub, Abteilungsleiter für Transportplanung und Bilanzierung, Materialeinkäufer, Pharmaberater im Hoechst Konzern und ist seit 2009 als Künstler/Malerei in Altersbach/Thüringen tätig. Literatur produziert er regelmäßig gelegentlich.

Wolfgang Otto Martin Sobol
(WOMS)

Unerwünschte Prophezeiung

Der Glaube ist heilig – oder nicht

Gedichte und Kurzgeschichten

Impressum

Bibliografische Information der Deutschen Nationalbibliothek:
Die Deutsche Nationalbibliothek verzeichnet diese Publikation in der Deutschen Nationalbibliografie; detaillierte bibliografische Daten sind im Internet über http://dnb.dnb.de abrufbar.

Lektorat:
Korrektorat: Elke Sobol

Herstellung und Verlag: BoD – Books on Demand, Norderstedt

ISBN: 978-3-7504-4187-3

Die Muschel

Ich weiß es, Nacht: ich geh dich wohl
Nichts an. Aus ihr, der Weltenschlucht,
geschleudert, eine Muschel, hohl,
lieg ich am Rande deiner Bucht.

Ossip Mandelstam, 1911

StuhlGang

Inhaltsverzeichnis

Unerwartete Prophezeiung

Atemluft aus dem Odenwald........................ 20

I turn out my lights 21

Die kleine Ölsardine.................................... 22

AbSichtliche Täuschung 23

Waltag.. 24

Fanfarenzug 27

Muscheln 28

Das bleiche sternenlicht 29

Intimrasur 30

Sie macht nur was sie will............................ 31

Am Fluss.. 33

Die Welt 34

Küß mich, dass ich sterbe 35

AmerikaKäfer 36

Dann stehlen wir der Pflicht die frühen Stunden 37

DasMeer 38

Der SeelenFisch 39

HarmLos 40

BeMerkung 42

BeKennen 43

Nornen 44

Arkona 2002 45

Der Glaube wird heiliggesprochen 46

Vom Ich 47

VerSchollen 48

Wiederholte VerWerfung 49

VomWurf 50

speisequark 51

Der Hauptmann von Lohme 52

InselLeben 53

Rügen 54

StrandCafeBinz 55

VomÜber 56

wiederkehr... 57

Zufälliges Zusammentreffen im Grenzbereich 58

Zerstäuben... 59

VerStehen 60

Lieblingsspeise 61

Mein Wesen.. 62

MondLichtung.. 63

Pasta gianduja... 64

Im Meer aus Stein... 65

heute morgen um 6 66

Ich weiß nicht 67

Gebein 68

Abends... 69

darbietung 70

Das HausTier 71

Vom Möhrenkaufen 72

WinterTraum 73

VomAugen 74

Erwartung 75

FlussPferd 76

Happy Hour im Fort Jesus 77

Gott 78

Herbst 79

Ich nehme mir das Licht 80

der zwerg der ich geworden bin 83

Die Amsel schreit 85

die ersten versuche 86

Im Sommer 89

brauchtum 90

Imre 91

Samstags 95

neunundneunzigworte: 97

Naivasha See 98

Nachts 99

Nahrungssuche 100

SelbstBegreifung 101

zunderblei und iltisei 102

Der Glaube wird heiliggesprochen 103

der gute mensch 104

Für Karlchen 105

Am Himmeln 106

die zunge... 107

patagonien.. 108

Laibhaft 109

verkiefert 110

In meinem Tagebuch 111

gutentag... 112

Gebleichtes Licht 113

Der Gebrauch einer Illusion...................... 114

Verschwommen 115

Aus 116

Am Rande der Ewigkeit 117

Die Städte die durch mich hindurchvergehn 118

der mond braucht keinen himmel 119

Orientierung 120

Blaue Eier 121

BaumWort 122

In dunkler Jahreszeit 123

Tannen schlagen 124

Verschrieben 125

Weihnacht I 126

Weihnachten II 127

Weihnachten III 128

Stillennachts 129

Südliches Amerika I 131

ziegenpeter 132

Verklungen sind die stillen Lieder 134

VollMond 135

EinmalBerlinUndZurück 136

eintopf aus kadavern 138

eins zu null für die fliegenden fische 139

Verschollen 140

lesung 141

Verriegeltsind 142

Ostern I 143

Ratz-Batz 144

schlümpeltümpelei 145

Panem Intellecticus 2018 146

In diesem Blau der Meeresaugen 147

VogelFrühling 150

vogelfedern 151

VerTrauen 152

Röslein (rot) 153

Augen 154

Betäubung 155

Kaputt wie die welt 156

SelbstBegreifung 158

Der Zebramacher 159

FrühGenug 161

drehorgelspieler 162

Und ein Bier von der Tankstelle 163

VerFrüht 164

VerHüllung 165

VomSternen 166

Sprache 167

Casanuova di Nittardi 168

AusRitt 170

Absichtlich 171

Ausgeritten 173

FeindAllerKlassen 174

modellierte konstellation 175

Sichten 176

VerSeelt 177

VerZeihen 178

VomEs 180

vom bereiten kleiner pferde.................................... 182

vom eichen 183

Unmerkliche veränderung.. 184

Zweck... 185

Ich bin dabei unter zu tauchen 186

Suche nach dem Zwerg in mir 187

SteigenUndSinken.. 188

Dann gehe ich hinaus 189

ein Herz.. 190

siebenmonde 191

Auch keine
Kunst
ist
Kunst!

X

Inhaltsverzeichnis
Der Glaube ist heilig - oder nicht

Mimikry... 195

Butzler schlägt auf 199

Schmilzt denn der Schnee 206

Das Ei des Lebens.. 207

Wenn die Pinguine fliegen.. 209

Blutwurst und Sterne... 210

Du musst Pallombini werden.................................... 213

Kolbenstange 218

Pechfaden 220

Kollbeck geht los.. 222

Itzpert Krätzling 225

Der Elch auf der Terrasse... 228

Das seltsame Leben der Hamster 231

Von Pol zu Pol 233

Zierbatz Horneichler 237

Fliegen ist wie Holz hacken – Wenn man fertig ist,

fällt man tot um 246

Takni Golat steigt auf 251

Unterhalb der Schallmauer 254

Swod Tols 255

Unerwartete Prophezeiung

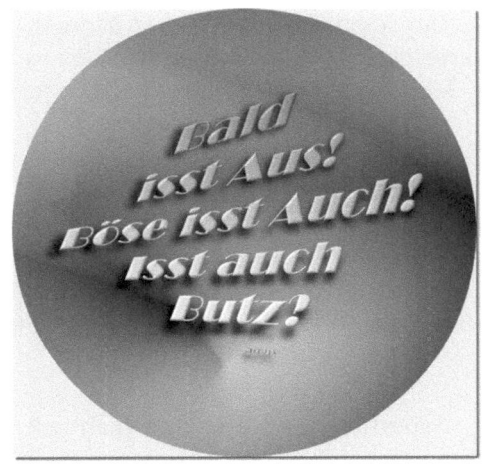

Atemluft aus dem Odenwald

Hund auf der Stehleiter verendet
Vögel singen im Handschuhfach
Kein Ende ohne Abschiedskuss
Der Abendstern am frühen Morgen
Warteschlange am Hinterstoisser-Quergang
Fliegenfisch als Abendrot bezeichnet
Die Blutwurst im Kaleidoskop
Amundsen am Kastendrachen
Steinhamster im Wüstensand
Rosenduft im Kellerfenster erstickt
Drei Könige als Neger verkleidet
Ameisen beim Zieleinlauf fotografiert
Bürstenschwein beim Friseur erstochen
Vergessen sich die Engel auch
Ein Pferd fliegt vorbei
Sauerbraten als Herz transplantiert
Drei Nüsse braten sich ein Ei
Regenwurm am Erdmittelpunkt erschlagen
Wassermassen aus Richtung Andromeda
Ich möchte eine Eichel lutschen
Gehacktes Fleisch in Feinstrumpfhosen
Ich hab mich an dir totgestoßen
Löwenzahn beim kopulieren verschluckt
Ich haue mir die Beule blau
Am Himmel fliegt die Morgenluft
Engels Haar im Foto-Handy
Fliegen sind wie Würfelzucker
Bald sind meine Hoden kalt
Atemluft aus dem Odenwald

I turn out my lights

ich sitze im gartenpavillon
und beobachte
das frisch gesäte gras
beim wachsen

das frisch gesäte gras
beobachtet mich
im gartenpavillon
beim beobachten

da: zwei neutrinos
huschen an uns vorbei
sie wären gerne durch
mein glas rotwein
hindurch geschwommen

aber zu spät:

wie sollten sie auch
wissen dass ich
ihr kommen erahnte
während zar simeon
rasch mein innerstes
als versteck wählte

Die kleine Ölsardine

Nichts hilft
selbst ausser sich
im busch liegt
eine ölsardine
im busch
ja
ja dort gehört sie
sich ja hin
im busch
im busch die kleine
ölsardine
da hört sie mich
auch hin
im busch

AbSichtliche Täuschung

In meinem Schranke
stehen noch drei Tassen.
Die andern starben
schon vor ihrer Zeit.

Der Himmel draußen
ist heut' kaum zu fassen.
Drei Tassen lassen mir
dafür ihr Leid.

Waltag

Am Waltag treffen sich die Wale aller Wässer am
tiefsten Punkt
der Kulmanin-See
dort lassen sie nach Strich und Faden die Sau raus
die Wale hauen mal fürchterlich auf die Pauke
es gibt wie jedes Jahr dreihundertbillionen Grill
den sie sich vom Schnabel abgespart haben
zum Höhepunkt entstöpseln sie eine riesige Sauer-
stoffflasche und lassen es sich prickeln
die Wale

Die Wale lassen sich nicht oft blicken
weshalb sie auch keinen ordentlich Durchblick ha-
ben
sie sind so zusagen über die wesentlichen Dinge
nicht informiert und nehmen ja auch nicht am
Mobilfunk oder Internet teil
sie dümpeln gedankenversunken durch die großen
Wässer unserer kleinen Welt
nur durch ihre Flossen und diesen Grill angetrieben
manche schwemmen sich in Australien an
keiner weiß noch nicht warum sie solches tun
vielleicht suchen sie Kontakt
diese riesigen Tiere

Am Waltag sind die Plätze der Kulmanin-See mit al-
len Sorten Wal vollgestopft
kein Durchkommen

höchsten ab und zu ein winziger Sülpützer-Fisch
dieser Listling

Irgendwann ist es dann so weit: Der Wal der als letz-
ter mit Grill fressen fertig ist muss die Abschlussrede
halten
in dem Jahr war es einer der überdimensionierten
Ochsen-Wale
(Die werden sofort nach der Wassergeburt von ihrer
Mama kastriert
sie beißt ihnen einfach die Eier ab)
da ihnen keine Aufgabe mehr einfällt liegen sie dann
immer nur auf dem Rücken und fressen pausenlos

Der Ochsen-Wal tritt also ans Pult und legt los
er heißt Hildegard und hairatet bald
Leider hat er nichts zu sagen
das kennen wir ja schon von ihm – diesem Ochsen
alle sind fürchterlich begeistert von seiner Rede und
beschließen das nächste Mal wieder dabei zu sein
so geht das bei den Walen ständig: was sie beginnen
bringen sie auch

Keiner der Wale geht jetzt nach Hause
denn: es ist Schluss
die Wale sind immer auf Arbeit
das kann sehr nützlich sein
sie sind überall zu Hause
deshalb schlafen sie wo und wann und vielleicht
auch wie sie mit wem wollen
aber davon muss eine andere Story werden

Kein Spaß ohne Ärger

Fanfarenzug

Was soll man schon
Tun als Schüler
Wenn man nichts weiß
Als dabei sein zu wollen
Hingehen und
Dabei sein
Eine Fanfare oder Trommel
Schnell lernt man es
Und dann den Gleichschritt
Probieren
Den Schritt
Der alles einfach werden lässt
Im Rhythmus der Trommler
Und dem schrillblechernen tönen
Der Fanfarenschreie

Muscheln

Ich hab mir ein paar muscheln mitgenommen
Von einem strand am meer
Wo dessen wellen ruhig schwingt

Die wesen deren knochen sie einst waren
Sind zerronnen
Sind in der welten wässer
Still hinabgeglitten

Ich habe ein paar muscheln her zu mir genommen
Die liegen stille nun und salzig
unter meinem zungen

Das bleiche sternenlicht

Ich spucke mein gewöll
In deine heiterkeit
Dort liegt es nun
Seit tagen ganz velassen
Und still im milden weißen licht
Das sterne sich für uns
Aus ihrem herzen lassen
Herunterrieseln tag und nacht

Und wenn es dann zerfällt
Im heißen wind
Im trocknen atem eines sommers:
Sieht man im innern
Kleine knöchlein liegen
So bleich und zierlich
Schauen sie uns an
Als reste fremder unheimlicher wesen

Intimrasur

Es kann vorkommen
Dass ich mir unbedingt die Haare schneiden lassen
Möchte
Alle Frisiertische sind bereits von Pferden besetzt

Sie lassen sich rasieren
Einige - die schon kahl sind -
Betrachten sich im Spiegel und beginnen zu wiehern
Einige nehmen sich die Gebisse heraus

Sie macht nur was sie will

Nur ich
Ich bin allein auf der galeere

Ich mache was sie will
Was soll ich sonst auch
Tun

Ich bin ihr kleiner
Neger nur

Im weißen staub
Ist meine spur

Ich bin ein kleiner
Neger nur

Am horizont
Das fahle licht
Streut seinen samen

Die trommeln
Dröhnen fremde namen

Im großen meer
Bin ich die gischt

Sie macht nur
Was sie will:
Sonst nischt

Albatross

I dig a hole
in the sky
and put me
into it:
outside an albatross
flies

Am Fluss

Die sonne saugt sich die letzten kühlen
Stellen aus der staubigen uferlandschaft

Ich sitze müde im gras der böschung
Und übersetze mein sehen in brauchbare worte

Im erdbraunen wasser des flusses
Liegen die schwarzhäutigen flusspferde

Den nasenöffnungen ihrer riesigen schädel
Entströmt ab und an ihr gepresster atem

Hin und wieder entnehmen ihre augen
Der farbigen außenwelt etwas licht

Später öffnen sich die fleischigen rachen
Müde und bestückt mit säbligen zähnen

Manchmal brüllen die größten von ihnen
Mir ihre tierische sprache entgegen

Die Welt
Kennt sich selbst
Sie braucht unsere Erklärungsversuche nicht

Und wir durchirren die selbstgemachten Täuschun-
gen
Als fröhliche Kinder mit feinstimmigem Gesang

Küss mich, dass ich sterbe

Am tag ist es leicht
Den himmel zu sehen

Man muss sich nur auf den rücken
Einer hellblauen wiese legen

Die augen schließen
Und schon ist man hoffnungslos verloren

Der kühle wind durcheilt
Die sinne auf seinem weg ins andere gestirn

Von wo er als fasrige wolke
Erst weißlich, dann aber als wirres rot enteilt

Und plötzlich spricht
Die sanfte fremde stimme mir mitten ins
gemächt

Und zwinkern jener fernen lichtgestirne
gleich, zucken bläuliche blitze auf mich zurück

AmerikaKäfer

draußen auf der straße
ackerwand
nummer sechs
konnte ich oft meine zeit spielerisch
verbringen

irgendwann
fielen viele weiße blätter
vom blauen himmel
darauf abgebildet
der gelbschwarze
feindliche
käfer

der musste unbedingt
bevor er unseren kartoffeln
schädlich
werden konnte
aufgesammelt werden
in gebückter haltung
mit unerbittlicher zielstebigkeit

Dann stehlen wir der Pflicht die frühen Stunden

An diesen Tagen sind die Nächte milde Geister,
sie treiben meine müde Wachheit weiter,
im Scheine Deiner sanften Wärme. Meisterlich
wirken sie, in ihre tiefen Seelen, mich.

Schon legst du Dich ganz offen, über dieses Fühlen,
dass nun aus Dir mir meine kleine Seele netzt
und schwebst sehr leicht durch mich und Dir entge-
gen.

Dann stehlen wir der Pflicht die frühen Stunden
und atmen an dem südlich weiten Fenster,
das Gelb mit seinem blauen ScheinAzur

DasMeer

Das Meer verschlingt sich
In seinem Ufern

Der Zeiten Staub als feiner Kiesel
Wärmt so schön

Man liegt am Strand
Die braune Haut fühlt sich das Lichtgestirne:

So schön ist's nackt
Im seichten Wasser zu vergehn

Der SeelenFisch

Dein Seelenfisch schwimmt mild durch die von mir
gewählte Stille.
Dort treibt er schwerelos und wirbelt Blätter auf,
aus ihrem Aschegrab.
Ich halte still, um nicht sein heitres Wesen zu ver-
derben.
Im gelben Mondlicht schimmert seine warme glatte
Haut.
Und irgendwann, wenn er sehr langsam und verson-
nen
sich seines blauen Himmels Fenster sucht:
Bleib ich zurück, um meine Wehmut fröhlich zu ge-
nießen.

HarmLos

Da sitzen sie unweigerlich sich gegenüber:
von Hitze dampfend, vor sich hin.
In warmer Soße mit Vanille-
geschmack

er, und sie:
so ahnungsvoll mit Gier,
in dieser derben blauen Hose
und kaschmirweichem Oberteil.

Sie sticht
ihn an und
kurz bevor sie ihn sich einverleibt:
lässt sie ihm diesen Mund,
als kuss-
wulstiges Rund
und
haucht die Kühle ihres tiefen Innen,
seiner Hitze sacht entgegen
und nimmt sich ihn so
stückfürstück,
hinab
in ihre endloswarme Höhlung.

olgurmauk

kolango sank palagse
drotzimbeer likau muk
sikargaa ssynk no kinkse
wolk gärge plös murnuk

kroklarger spauck
itz molkau querk?
ikrotatz üglersärg morlauck
perzal ginks mörle perck?

mixerze ützar nocker
pretzmalker sing marlops
üdnatur solcker pocker
starlops ümatur tokks!

BeMerkung

haben sie schon eine
kundenkarte
fragt mich die
verkäuferin

ich möchte doch
nur ein wenig
vogelfutter
sage ich

bitte keine
kundenkarte!
der vogel frühling
wartet schon draußen
sage ich

sehen sie doch
dort über all
sein freudiges schwingen
frage ich

haben denn alle eine
kundenkarte
frage ich
die verkäuferin

BeKennen

Die Welt
kennt sich selbst
Sie braucht unsere Erklärungsversuche nicht

Und wir durchirren die selbstgemachten Täuschun-
gen
Als fröhliche Kinder mit feinstimmigem Gesang
Um die Welt in unsere Sprache
zu übersetzen

Nornen

Sie sind aus Licht
Oder aus Schwerkraftwellen
Oder aus Teilchen wie ein Sternenwind

Sie sind der Sinn
Der hinter allen Sinnen
Sein Wesen in das Universum spinnt

Sie sind aus Licht
Und könnten mich erleuchten
Doch es gelingt zum wiederholten Male nicht

Und ihre Leichtigkeit
Die haucht mit dünner Stimme
Wenn sie gemächlich durch mein Seelen ziehn

Sie sind aus Nichts
Könnte ich Ahnungsloser meinen
Jedoch ihr Schwingen wühlt sich tief in mein Gefühl

Und nur als Sprache
Kann ich ihnen einmal folgen
Irgendwohin mit unbekanntem Ziel

Arkona 2002

Am Eingang zur Jaromas-Burg sitzen sie sich gegen-
über,
auf ihren Stühlen aus Beton auf Stahlgerüsten:
Slawen und Dänen
und lassen sich ihren Glauben
verwässern,

von dem ehemaligen MfS-Mitarbeiter,
der für einen Euro pro Person,
nicht weiß
um den Zusammenhang zwischen:

- den zwei Stühlen
- der slawischen Burg
- und seiner Untertänigkeit.

Der Glaube wird heiliggesprochen

Die Worte fallen vom Himmel,
der ihre Heimat ist -
oder die Hülle des Mysteriums!

Der Zwerg, der ich geworden bin,
wirft sein altes, zerrissenes Netz
über die Landschaft rechts und links.

Der SeelenFischer bleibt
am Horizont und wartet geduldig.
Seine Gehilfen erwarten mich.

Vom Ich

Ich bin nur äußerlich ein guter Mensch.
Innerlich gehöre ich zu Euch.

Wenn ich mich so anschaue, denke ich von mir.
Wenn ich mich bedenke, sehe ich mich nicht.

Wenn ich vor mir stehe, begreife ich mich nicht.
Wenn ich mich begreife, erkenne ich Euch!

VerSchollen

Das was mir einzig von dir blieb
Das ist ein stein von einem fernen strande

Der liegt jetzt tief so tief in mir
Ganz nah bei meinem sinnen

Und die musik aus einem stillen liede
Verleiht ihm rätselhafte stimmen

Das was mir einzig von dir blieb
Das ist ein stein von einem fernen strande

Wiederholte VerWerfung

Eines tages wurde ich
mit einer eisenkugel verbunden
die mit einem federstahldraht
an einem stahlgriff befestigt
in dem meine linke hand
von der rechten umfasst
ruhte

während ich mich immer
schneller und schneller zu drehen begann
wunderte ich mich
wie diese kugel
sich rasend um mich drehte und
nahm mein körpergewicht größere
und größere portionen nahrung zu sich

keine besondere kunst
den griff im richtigen moment
loszulassen und bedrohlich
der immer kleiner werdenden kugel
hinterher zu schreien auf das sie
vielleicht nicht wieder komme

aber sie kam immer wieder
von mir selbst zurückgetragen
obwohl sie nach kurzer frist wieder
fort musste in die gleiche richtung
zur gleichen stelle fast in die gleiche
halbkugelförmige vertiefung im rasen

VomWurf

Der Maulwurf
ist der schönste Wurf.

Doch der aller schönste
Wurf:

das ist unser
Planentwurf!

speisequark

ich liege in meiner badewanne
die vollgefüllt mit speisequark:

weißer quark
weiß und stark
macht dies gefühl
er ist so kühl
und weiß und stark

mein nackter leib
zum zeitvertreib im
speisequark

so herrlich geil
und steil empor
strotzt mein penis
stolz hervor:

es macht mich keine
speise stark
wie speise quark

22. April 1987

Der Hauptmann von Lohme

Hier liegt ein Steingefels,
am Ufer in der salzig-süßen See.

Hier liegt ein toter Kormoran
geziert im Stein der Hafenmole.

Hier heißt ein Cafe Niedlich,
wo ich Weinbrand mir und Kuchen kaufe.

Hier schäumt die See um Mittag,
wenn die Sonne oben ihren Himmel liebt.

Hier gehen die Momente meines Lebens
endlich langsam wie sonst Stunden.

Hier habe ich nun doch:
was ich in Lohme sucht gefunden!

InselLeben

Im haus GH's
Auf der insel hiddensee
Befindet sich
Ein kleiner weinkeller

Zwischen den schlafzimmern
GH's und seiner frau
Auf der insel hiddensee
Befindet sich
Ein kleines fenster

Zwischen seiner frau
Und den beiden zimmern
Auf der insel hiddensee
Befindet sich GH
Mit seinen kleinen problemen

Rügen

Die See gräbt sich ihr Ufer in das Land,
bis endlich weißer Sand,
mit Wärme ihre Brust umspült, die sie -
wenn dieser heiße Stern Sonne,
sich Fluten seines Wesens
als Licht herabergießt
und blaues oder grünes Wasser
ihre Scham noch salzig leckt -
mir um die Ohren knallt,
bis Hören mir und Sehen wieder Eins ist.
Auf dieser gezeitenlosen Insel.

StrandCafeBinz

Ich sitze am Tisch unter dem alten Ölgemälde
Fischer in ihren Kähnen auf ruhiger See vor steiler
Küste
Die Jäger der seichten Küstengewässer
Ich schaue hinaus über die Promenade
Über das Hin und Her gelangweilter Statisten
Jenes endlosen Films

Am Himmelsblau krümmt sich die Zeit Richtung Kö-
nigsberg
Entgegen ihrer Bestimmung zu farbigen Luftspiege-
lungen
Hier drinnen krümme ich mich
Ins unendliche Universum
Von Kaffee, Schlagsahne und Rémy Martin

Manchmal setzt sich eine Möwe nach getaner
Arbeit
Setzt sich auf den grob gehauenen Torso einer See-
jungfrau
Dieser kaltblüterhaften Wuchtbrumme
Schaut mit ihren Vogelaugen herein zu mir
Und wählt auf ihrem Handy
Rasch noch meine Nummer

Doch schon bin ich mit frisch geputztem Gefieder
Auf und davon

VomÜber

Haben sie sich
schon einmal
überlegt?

Nein,
nur einmal
überholt.

Ja so?

Beim Luft holen.
Seit dem
im Hirn
mir Fliegen isst.

wiederkehr

tischlings sitzen
die körper
hingeneigt
die stümpfe ihrer glieder
die hohläugigen
hirnhüllen
sind nach rücklinks
abgeknickt

der redner
der nichtsmerker
in seiner fremde
mit diesem toten tuch
er drosselt allen
sein besinnen

doch draußen bewarten
sich reinemachfrauen
bereit um
wiederzukehren

Zufälliges Zusammentreffen im Grenzbereich

Er bremste kurz und scharf
Und wir stiegen ab
Er stellte die mattgrüne MZ auf den ständer
Rechts von uns der rostige stacheldraht
Und links diese schonung

Wir standen unschlüssig
Die MPi irgendwie umgehangen
Und starrten auf den am boden liegenden
Der trotz seiner seltsamen seitenlage
Im vollen hasentrab weiter rannte

Es war juni und die sonne
Stieg als feuriger ball über den langen berg
Und die nachtschicht wartete darauf
Abgelöst zu werden

Ich schwang einem fußballer gleich
Den rechten fuss zurück
Und trat mit wucht die schwarze spitze
Des stiefelleders zwischen seine ohren am hinter-
kopf

Der hasenkörper lag plötzlich reglos
Mit starren blick der augen
Und etwas zerwühltem fell in der morgendlichen
stille
Während er die maschine startete

Zerstäuben

Am Fuß des Berges liegen all die leeren Hüllen:
von denen, die sich nicht zurückgelassen haben.

Schon kommt ein Knecht und lädt sie alle auf den
Wagen,
der dann die dürren Häute bringt zum neuen Füllen.

Und in dem Ebenen zerreiben sich
mühsam graue KieselSteine -
und oben auf dem Berge
sitze ich und weine.

VerStehen

Kein Mensch
Kann diese welt verstehen

Das kann sie
Doch nur selbst

Oder ein denkmal längst vergangener heroen
Die dort auf ihrem exponierten posten
Uns ihre fehler
Heimlich eingestehn

Lieblingsspeise

Kann eine information fröhlich sein?
Fröhlich sein wie ich,
wenn ich mir die engelsflügel an den
hinterkopf schnalle (?)
und mal `ne kleine runde mit `n paar süßen
engelinnen drehe?

Und was ist ihre lieblingsspeise?
Kann eine information eine lieblingsspeise haben?
So wie ich am liebsten deine titten beiße?
Oder was auch immer:
zum beispiel eine
Lieblingsspeise

Mein Wesen

Je mehr ich mich benutze
Umso mehr verändere ich mein wesen
Wo ich gewesen bin ist ein gespinst
Aus wirren fäden
In denen sich eine kreuzspinne gefangen hält
Fliegen umkreisen ihren
Verwesenden kadaver

Sie überwintern auf dem dachboden
Die meisten von ihnen liegen dort tot
Auf den staubigen alten dielen
Im frühjahr zertrete ich einige
Wenn ich den schlitten nach oben bringe
Die dürren skelette knirschen unter den sohlen
Meiner alten ledernen haussandalen
Die ich beim schlendern durch das seichte wasser
Des indischen ozeans bei mombasa trug
(vorsicht: seeigel)

MondLichtung

Nach tausenden kilometern
War ich ihm in einer eisigkalten winternacht
Plötzlich
Nach einer linksbiegung des weges
So ungehäuerlich nahe
Dass ich sein mitleidvolles lächeln
In mir zu spüren glaubte
Und die milden kühlen worte
Besonders deutlich hörte:

Wolfgang sagte er zu mir
Wolfgang wie angenehm es mich durchströmt
Endlich nach so langer zeit
Dir auf dieser schwarzen asphaltenen straße
Zwischen schwarzen tannen zu begegnen

Er lächelte sein ewiges lächeln
Und ich weinte ihm mein mitleid entgegen

Pasta gianduja

Angeblich soll es eine
Besondre Arth von Lust bereiten
Den nackten körper sich
Beim koitieren
Mit frischer scheiße gegenseitig
Zu beschmieren

Ich kann's ja auch
Weil ich so schrecklich tue mich genieren
Erst zwei dreimal mit braunem nussmus
ausprobieren

Im Meer aus Stein

Mancherorts da leben bäume
Mächtig noch wie riesen
Ihren rumpf bedeckt von dünner haut

In den dürren sommerwiesen
Wurzeln sie sich tief in diesem
Mürben erdgestein in das sie fest vertaut

Mancherorts da leben bäume
Mächtiger sind sie so wie riesen
Stehen majestätisch einsam und allein

Wenn ich könnt da würd ich
Oben in den weiten wipfeln leben
Erdentfernt mit endloshoffnungsvoller sicht - allein

Mancherorts da leben bäume
Als die längst vergessnen riesen
Meinen rumpf bedeckt ein dünner hauch als haut-
gestein

Und durchs stroh der fernen sommerwiesen
Bürstet wilder wind mit diesem
Schrillen steppenheulen - wesen
die mich übrig ließen

heute morgen um 6

bin ich wieder völlig
nackt nach unten gegangen
habe sex brötchen aufgebacken
und zwei tassen ladygrey
auf den niedrigen
runden tisch im wohnzimmer
gestellt:
zum abkühlen

draußen knabbern die ersten
meisen an ihren sonnen
blumenkernen im hartriegel
während du dich noch
im bad herrichtest oder
fertigmachst
riecht es nach sex frischen
brötchenteeundhonig
und sonnenblumensamen

und ich springe laut
schreiend durch die weitgeöffnete
wohnzimmerterrassentür
in den pulvrigweißen
schnee einer nächtlichen
dachlawine

Ich weiß nicht

Ich weiß nicht wo du bist
Vielleicht in hohen weißen wolken
Vielleicht in teilchen die selbst himmels körper
leicht durcheiln
Vielleicht im endlos weiten strom der zeiten
Vielleicht auch nur in mir
Um dich an mir zu weiden

Ich weiß nicht wer du bist
Vielleicht mein wunsch die welt nicht zu erdulden
Vielleicht der sinn der welt der aller dinge
wesen opfern tut
Vielleicht ein ziel in einer fernen ewigkeit
Vielleicht auch nur ein traum
Um mich an dir zu weiden

Ich weiß nicht was es ist
Vielleicht nur vor gegebnes irres nervenpulsen
Vielleicht nur schwerkraftwellen die durch uns hin-
durch vergehn
Vielleicht der große gott mit seinem wollen
Vielleicht auch nur ein faun
Um sich an uns zu weiden

Gebein

Heut hab` ich mich an deinem Scham
Bein festgebissen
Was soll ich Montagmorgen sonst auch tun

Dafür hast du mir meine
Eichel abgerissen
Was soll`n wir Montagmorgen sonst auch tun

Der blasse Mond
Am Himmel sucht nach unsren bleichen Knochen
Was soll er Montagmorgen sonst auch tun

Abends

Am Abend füttert der Harlekin
seine Kinder,
mit allem was sein Sinnen überfüllt.

Am Morgen öffnet er geschwind
die Gatter,
damit sie sich im Gelb der Landschaft still ergehn.

Dort leeren sie dann sorglos eilig ihre vollen Mägen,
dass sich das Grün
endlos die Welten
überfüllt.

darbietung

mein kopf
ein auf
geschnittener gummi
ball

ich krempele
das innere
nach außen

das publikum:
es lacht
auf
und es fliegt
davon

Das HausTier

Dem Schwein
Das Bolzenschussgerät
An die Stirn drücken.

Vom Möhrenkaufen

Möhren gibt es
in handlichen plastikdosen
da sie darinnen liegen
und wegen ihrer
umhüllung mit einer
plastefolie
schon mal ins schwitzen
kommen können

doch spätestens nach einer
woche in meinem untersten
fach im kühlschrank
erleiden sie an einer
üblen krankheit die
scheinbar eine schwarze
fäulnis zu sein scheint

würde ich alle möhren
am gleichen tage
so ich sie erwarb verzehren
bliebe ihnen sehr gewiss
die schwarze fäulnis
erspart aber ich hätte
alle diese träger schwarzer
fäulnis an einem tage verzehrt

ob ich dies vertragen könnte

WinterTraum

Gestern habe ich mir ein reh gebastelt
Das lief schon immer durch unseren garten
Dort hat es sich beim fressen verhaspelt
Bei den knospen der rosen im winter im garten
Unterm schnee liegen noch die äpfel von gestern
Die eicheln sind rar kein baum wirft sie ab
Ich hab mir beim gestern die tage verhaspelt
Ein reh flieht im garten kein eicheln und hasten
So hab ich mir gestern ein rehlein gebastelt
Das läuft sich nach eicheln im garten im garten
Auf und ab … auf und ab

VomAugen

Das linke Auge
Augt so mild
Weil's des Herzen
Sehnsucht stillt!

Doch auch das rechte
Augt nicht milder
Obwohl?
Sieht's auch
Verkehrte Bilder?

Erwartung

letzte nacht
ging ich hinaus
und fand den
kohlenklumpen

darauf stand:
für Wolfgang
von den bremsern

die rücklichter sah ich
im dunklen rasch
verkleinern sich

und hörte noch
das langgezogene
rufen:
heee, heeeeee …
(von fern schon)

9. Sep. 1987

FlussPferd

Noch schwebt es
Im Mara-Fluss ...

Nur abends
Ganz heimlich
Steht es dann
Draußen
In unserem Vorgarten
Und frisst alle
Pflanzen kahl

Tags darauf
Blinzelt es uns an
Schnauft
Und gähnt zufrieden

Während es
Mit dem Schwanzpropeller
Seine Scheiße verteilt

Happy Hour im Fort Jesus

Draußen über dem indischen Ozean
Schwimmen graue Wolkenberge

Sie streifen die Küste entlang
Von Madagaskar herkommend

Südöstlicher Seewind haucht
Seinen warmen feuchten Atem

Handgemachte heitere Musik
Durchschwebt uns mühelos

Palmen fuchteln ungeduldig
Mit ihren gefiederten Flügeln

Ein einsamer Holzsegelkahn schwankt
Ruhelos entgegen seiner Verankerung

Tausende Krabben warten in ihren Höhlen
Auf das vereinbarte Zeichen

Draußen am Riff wirft sich lärmend
Schäumende Brandung

Gott

Du saugst mich
in Dein schwarzes Loch.

Mein Horizont
krümmt sich in mich zurück.

Die Zeit steht still:
Ich fühle Dich. Jedoch, ...

verglüht kehr' ich
zu mir zurück.

Herbst

September hat sich grelle gelbe Sonne flüchtig in
sein Haar gesteckt.

Abschieds Hoffnung lässt der Blätter
Farbe rasch sich wechseln.

Unsichtbare Wesen hauchen ihren Atem in
Ein flaches Sonnenlicht.

Abends lächelt mir ein harmloser Mond
Seinen sonnigen Mut zu.

Ich nehme mir das Licht

Ich nehme mir das Licht von Deinen Häuten.

Die Tage, die mir meine dünne Seele messen,
verderben sich an mir, als ihr Gesicht.

Ich wasche mir den Staub aus dem Vergessen -
ein Zwerg erscheint und gibt mir Licht.

Die Monde treiben sich in mir und hetzen.
Ich fange sie: und fort ... in feingewirktennetzen.

Auch lassen Frauenbrüste sich, so leichter beuten.
Woraus die Himmel werden, die wir schätzen.

Ich nehme mir das Licht von Deinem Häuten.

idylle

das gartenhaus
so lieb und traut
erschauert längst der nähe
des schafdungs
dort im wiesengrün
so als -
ob goeth' ihn sähe

unweit nicht
gleich beim rindenhäus
sich einer onanieret
dass gar ein gretchen in der näh'
ob seines freud
sich zieret

ein eisern spaten

ein eisern spaten
sticht sich etwas schwarze erde

ein kleines haus
nimmt sich ein wenig mensch

ein kleines kind
träumt von dem schwarzen pferde

das nüsternd wild
es in die schwarzen arme nimmt

der zwerg der ich geworden bin

morgens früh platzt ein roter
stern aus dem kühlen dunst
meines fernen horizonts

ich werfe einen findling so
dass er kurzzeitig eine
finsterniss aus grünem licht
über mich hinweg ergießt

ich flüstere die unverständlichen
worte aus einer fremden sprache gemacht:
konkropantz
polarsingulenz
cirgulargus nolenz

oben verweilt der findling kurzzeitig
am himmel erscheint der glaubensspender:
er legt sich eine antwort zu füßen
und wartet mit seiner endlosen geduld auf
was ich mir einen reim schmiede

grün!
rufe ich
grün!
ja?
grünspahn grünspahn ist es
schon erscheint das flügelwesen der kabiren
und ich werfe mich
nieder um ihr den rechten fuß zu küssen

der findling fällt ins schorfe grün
meiner vagen vermutungen

mit schmallippigem flügelschlag
schwebt sie dahin
den ufern samothrakiens entgegen
und der zwerg der ich bin schrumpft
zu seiner vorbestimmten größe

Die Amsel schreit

(Nach Artmann)

Die Amsel schreit
Es hohlt sich tief
Ins Mark ihr Schrei

Die Amsel schreit
Sie sucht ihr grünes
Frühlingskleid

Die Amsel schreit
Die Stirne all
Sind tief verschneit

Die Amsel schreit
Durch kleines Seelen
Eilt die Zeit

Die Amsel schreit
Der Mondwind weint
Der Glaube eint

Die Amsel schreit
Es hohlt sich tief
Ins Mark ihr Schrei

Die Amsel schreit
Die Mühlen stehn
Und still sind alle drei
Vereint

die ersten versuche

hier haben sie die ersten versuche gestartet
ging es mir plötzlich durch den kopf
hier vor zweieinhalbmillionen jahren oder so
dann sind sie weiter zum turkanasee
bevor wir von nairobi herüber gefahren sind
waren wir noch im haus von karen
die zimmer alle so seltsam düster
nicht nur wegen des fehlenden sonnenlichts
alles wie stillgelegt und verlassen
draußen die alten bäume und sträucher
wie in einem botanischen garten
dazwischen steppiges gras wie abgefressen
und einige rotblühende sträucher
rechts und links vom roterdigen fußweg zum haus
und über dem eingang eine art bahnhofsuhr
die mehr sich selbst als die zeit anzeigt
kaum leute trotz der parkenden landrover
nur die negerin am eingang zum haus
fiel sofort auf
wegen ihrer quängelei das film- und fotoverbot un-
bedingt und konsequent einzuhalten
wir gingen durch die zimmer und
eine schwarze erzählte irgendeine story
die zimmer waren gut in schuss
eben wie für gewisse zeit stillgelegt
im wohnzimmer lag dieser verblichne löwe
der einzige der das haus noch richtig genießen
konnte
nur uns klotzte er blöde an

in einem nebenraum war ein kleiner souvenirladen
dort haben wir die zwei nashörner erworben
die jetzt zu hause die bücher von bukowski, celan,
biermann und so weiter stützen
dann saßen wir noch etwas auf der weißen holzbank
auf der natursteinterrasse und stellten uns vor
es gäbe englisches gebäck und kenianischen kaffee
von der plantage die nur noch
gewirr irgendwelcher wucherpflanzen ist
dann sind wir mit dem klapprigen qualmenden
kleinbus
über die ngongberge hergefahren
jetzt lehnen wir an der sperrigen holzbrüstung
und schauen hinunter auf die rotbraune ebene
und die im dunst mehr oder weniger sichtbaren
vulkanberge
hinter uns rollt der verkehr richtung nakuru
tausend meter unter uns
kaum zu erkennen mit bloßem augenschein
kleine kreisrunde siedlungen aus blättern zweigen
und erddung
hier hat also alles angefangen
vor zweieinhalbmillionen jahren
hier haben sie die ersten versuche gestartet
dann sind sie fortgegangen
irgendwo hin
einer prophezeihung folgend
und wir sehen nur noch die überbleibsel
als ob sie sich selbst betrachten
diesen unterkiefer diese zähne mit denen sie gebis-
sen haben
und negerfamilien auf ihrem
verdorrten maisfeldern am straßenrand

und ein schwarzer eisenkessel
über einem schwelenden feuer
und den gedankenverlorenen blick
und die bittende geste der hand
der frau die ein baby wiegt

Im Sommer

Im Flur
war ein Ausguss.

Ein gusseisernes Becken;
darüber ein Wasserhahn.

Manchmal trank ich
kaltes Wasser daraus

oder steckte
unsere Katze Peter hinein.

brauchtum

wieder sitzen die hasen beisammen
und im gras liegen die bunten eier umher

wieder dieser missbrauch
aus verschleppter menschlicher einfalt

lieber hätten sie ihre zeit mit rammeln verbracht
aber die bunten eier sind ja auch ganz nett

Imre

Schräg gegenüber
Am Vertanuk Platz
Steht er
Auf seiner Brücke
Die Augen hinter der Brille
Etwas zusammengekniffen

Hinter dem Parlament
Auf der trüben Donau
Fährt der Wachdienst
In kleinen Booten:
Erwartet er einen
Anschlag?

ÜberBrücken

Vier Löwen
Je einer rechts
Und einer links

Wenn man hinüber
Möchte drohen sie
Mit unseren Ängsten

Trotzdem wechseln wir
Die Seiten
Von Buda nach Pest
Oder umgekehrt

Die vier Löwen
Verharren still
Sie bleiben auf
Ihrem Posten

Langsam verwittern
Ihre massigen Körper

ÜberSetzen

Mühsam übersetzen wir
das Universum:
in unsere Sprache,
bis wir selbst das Universum sind.

Oder ...
wir sind nur
dieses seltsame Schiff,
von dem, am anderen Ufer,
der Eroberer von Bord geht.

SpanFerkel

Ich hab die Welt
zu Gast in meinem
kleinen Hoffen.

Mein Schmetterling
fliegt sich
die bunten Flügel schön.

Mein blaues Fenster
ist seit Jahren
sehr weit offen.

Und:
innen glimmt
mein
zierlich Span.

Samstags

An Samstagen,
wenn ich zu Hause in Altersbach bin,
fahre ich morgens nach
Steinbach-Hallenberg:
zur Bäckerei Endter.

Dort kaufe ich
immer die gleichen
Dinge:
drei doppelte Brötchen,
zwei Laugenstangen,
zwei Pfannkuchen und
ein Kosakenbrot.

Warum die Pfannkuchen
nicht Berliner heißen
und das Brot
Kosakenbrot -
weiß ich nicht.

So ist das mit der
Nahrung -
da denkt man nicht
sehr nach!

Was in dieser Bäckerei
nicht zu haben ist
sind:
Amerikaner -
die gab es jeden Morgen frisch

in der Bäckerei,
an der ich vorbei musste -
jeden Morgen -
auf meinem Schulweg
als Schüler dritter Klasse
in Blankenhain.
Die waren immer frisch,
diese Amerikaner
(mit weißem Zuckerguss:
für zehn Pfennig einer.

Diese Amerikaner!

neunundneunzigworte:

am abend hol ich mir die fliedergelbe zorge
und ziere mich mit ihrem stilen sang:

denn auch

am ziegenhals vergibt sich mir die morle
der talibahn vergeht das dampfratsamen
kokardendarm verdumpft sich durch sein ooor
auch wie ich mich verziere bleibt mir nichts als
raamen

kaskaden kolkern drumm und zieben
ich brate mir aus spass ein vollkornei
ein eskimo pflantzt priemeln früh um sieben
doch auch die salbern glauben stark dabei

die kanzler bleibt verstört zum teil nahm losung
der hellig keit strahlt fröhlich sonnen licht
wo rinder mühsam frömmeln ihren dung
schon föhlich noch - mein kleiner finger denkt an
mich

Naivasha See

Wir gehen den Steg aus Wurzeln,
bis der See tief genug ist für ein Boot
mit Außenbordmotor.

Im Schatten der riesigen Bäume des Camps
decken die Neger weiße Tische zum Dinner.

Wir fahren unweit vom Ufer, Richtung Nord-West.
Zwischen Ufer und Boot liegt ein Flusspferd
im flachen Wasser.

Der See treibt einige seiner schmalen Wellen
gegen seinen massigen, dunklen Laib.
Ein Pelikan döst im Schilf.

Aus der Winter-Sonne schwebt nördliches Licht
über die flache Landschaft. Die Beine des
Flusspferdes ragen wie Säulen zum Himmel.

Im Wasser plantschen Negerkinder.
Ihr lautes, freudiges toben erfüllt die Lagune
wie fröhliches Rufen.

Nachts

bevor der mond
sich zeigt
ist es besonders sinnvoll
die sterne
zu beschauen

Nahrungssuche

Ich würd` mich gern als Schwarzes Loch verbrau-
chen.
Die halbe Welt zerkleinern, tief in meinem Schlund.
Um sie dann auszukotzen in den langweiligen Stun-
den
und zuschaun, was von allem dann noch übrigbleibt.

Am Nachmittag:
Da treff' ich mich mit andern Schwarzen Löchern,
auf einem stillgelegten irdischen Basar.
Dort warten wir
auf Menschen mit so herrlich blondem Haar.
Den ziehen wir den Skalp über die Löffel –
auf einem irdischen Basar.

SelbstBegreifung

Auch wenn ich mich nicht trau:
mich selber zu begreifen.

Wer traut sich's schon,
mit seinem scheuen Greif.

Was man sieht,
sind hirngespinstig Speisen.

Mann sieht die Anderen,
auf sinnentleerten Reisen

und schaut am NächstenMorgen
still auf seinen kleinen Schweif.

Auch: wenn ich mir's nicht trau -
befind ich mich auf irrsinnigen Reisen!

zunderblei und iltisei

ein süßer mund
ein kleiner schlund
ein stuppser hund
ein ungesund
zu später stund
vergrämter spund
am meeeresgrund

ein zunderblei
ein kecksbackbrei
ein iltisei
ein um verzeih
mir und dabei
im stumpfsenkblei
verstecktes ei

ein grillenzirp
ein spinnenwirk
ein speisverdirb
ein ins gebirg
zum zeitverwirk
vertreibter birk
als wundercirk

Der Glaube wird heiliggesprochen

Die Worte fallen vom Himmel,
der ihre Heimat ist -
oder die Hülle des Mysteriums!

Der Zwerg der ich geworden bin
wirft sein altes zerrissenes Netz
über die Landschaft rechts und links.

Der Seelenfischer bleibt
am Horizont und wartet geduldig.
Seine Gehilfen erwarten mich.

der gute mensch

der gute mensch geht morgensfrüh aus seiner be-
hausung
draußen erwartet ihn der tag mit freundlichen ges-
ten
der gute mensch lächelt sich zu und bekommt zu-
rückgelächelt
an einer kreuzung genießt er frühlings laue luft
der gute mensch bedankt sich bei seines gleichen
weit hinten steigt eine schamrote sonne auf die
himmels leiter
der gute mensch trägt einen baseball schläger bei
sich
an seinem fernen horizont bewegen sich menschen
der gute mensch weiß nicht wozu er diesen schläger
trägt der gute mensch
auf einer lichtung beginnt er wild wahnsinnig um
sich zu schlagen
der gute mensch
trifft immer perfekt den richtigen perfekt
und nach mittag
geht der gute mensch in seine behausung
dort steckt er sich ein oder zwei Cohiba in sein ge-
hör und denkt an patagonien
der gute mensch wartet genüsslich bis sich das weh-
leidige heulen des dürren windes draußen ins
unendliche verschwindet
der gute mensch

Für Karlchen

Das große
fleischfressende Kaninchen
holt mich ab,
auf seine eigentümlich, stille
Weise.

Es hält mich fest,
an meinen Hinter-
beinen.

Es schlägt mir derb
das Schlachteholz
ins Halsgenick.

Ich hänge:
schlaffgespreizt
als seine Mittagsspeise.

Am Himmeln

Mein himmel ist
von einem seltsam
milden grün

genügend mir
sein licht mich
wie pastell

darunten steht
sein wuchs so
wie verflochten

ist himmel mein
seltsam von einer
milden grün

bleib ich
oder ich geh
dahin
wie licht

die zunge

die zunge lebt
in einem feuchten kleinen raum
gleich hinter weißen zähnen
in einer lauwarmen mulde
schlaff ausgestreckt!

wie mag sie
da bloß hingekommen sein?

doch hin und wieder
ab und an
hängt sie sich ganz
in ihrer vollen länge
weit hinaus
(um etwas zu ertasten?)

was wird da wohl
der grund
dafür
sein

patagonien

die dinge kennen sich nicht selbst sie fallen vom him-
mel der ihre heimat ist manchmal nenne ich sie beim
namen wie zum beispiel die unendlichkeit ich setzte
mich nieder und streichele ihr seidiges haar während-
dessen sie an meiner geduld zu grunde gehen ich stehe
auf und setze die reise in besonnener ruhe fort wegen
unwahrscheinlicher langsamkeit bemerkt keiner dass
ich abwesend bin erst in patagonien fallen mir wieder
worte ein:

zolobrados
singardolenz
karapakanz

oder so ähnlich

Laibhaft

Ich reiß mir deinen frischen laib
Aus brot

Ein wahn giert mich wenn bricht
Die glänzendbraune kruste

Und dieser duft steigt warm und feucht
Mir tief ins hirn

Dein seidenhaar
Deckt mir die stirn

verkiefert

ich schmiege mich
an ihren schlanken rumpf und
sauge tief
den kühlen duft
von laub und moos und
gelbem zähem harz

die braune borkenhaut empfängt
mich sanft mit derbem hauch -
ich presse mich
in sie und leis ertönt
ihr hingehauchtes: ach

und ihre schwestern warten starr
im weichen torf des bodens
hingewurzelt:
ihr augen schaut -
nur ihre lippen flüstern schwach

und unsre finger krallen sich
und reißen tiefe narben -
wir sinken hin so
nackt:
ein steiler torso in der nacht

In meinem Tagebuch

In meinem tagebuch
Liegen zwei flamingofedern

Dort warten sie
Das endlich ein flamingo kommt

Das kleine buch aufschlägt
Und mit seiner vogelstimme sagt:

Oh, da liegen ja zwei
Flamingofedern so friedlich zusammen

Das ist ja so idyllisch
Wie bei uns zu hause am nakurusee

gutentag

gutentag:
ich möchte gern
einen hodensack
kaufen!

aus papier
oder aus plaste?

haben sie vielleicht
einen aus wurstpelle?

nein

dann nehme ich
zwei mohnschnecken -
aber ohne zwiebeln!

Gebleichtes Licht

ein sprachen deutlich
wie
mir bleibt
noch hör ich
was mein
verstand
sieht nicht ein
das augen
so blaues über all
und meer dahin
gezogen ohne
stuhl
kein fenster lässt
ein schaun
hinein
nur licht
geh ich dort hinten
wo dürres moos
sich ziert
brauche im nichts
ich mich nicht
meer
zu suchen

Der Gebrauch einer Illusion

An jenem sonnigen HerbstSonnTag, wenn die Nach-MittagsSonne ihr gelbes Licht ins letzte Laub haucht, steigen die Nixen aus den schwarzen Augen der Wälder.
Sie streifen das samtige Fell des blauen Zebras über ihren zerbrechlichen Laib, ehe sie mit sachtem Flügelschlag, ihr Gestirn umkreisend, inmitten meines nächsten Atemzuges, in den endlosen Windungen meiner Sehnsucht verschwinden.

Verschwommen

Die großen teiche sind leer
Ihre wässer sind fort
Ihre fische sind fort
Ihre seele ist fort

Nur ich
Liege in den warmen wässern
Der großen teiche
Eine seltsam schöne
Wasserleiche

Aus

Aus
Geht mein Licht
Bevor
Es richtig hat gebrannt!

Wieso
Lebt dort mein Schatten
Fröhlich
An der Wand?

Am Rande der Ewigkeit

WeltenSeher
SternenDeuter

RichtungsWeiser
ZeitVergeuder

GedankenLeser
TrugbildTräger

HoffnungsVoller
WeltenJäger

SelbstErkenner
FremdBestimmer

ZielFestleger
FrauenZimmer

AngstVertilger
FreiheitsPilger

Die Städte die durch mich hindurchvergehn

Die weißen Hasen traben durch die weißen Wehen.
Die roten Möhren wurzeln unter ihrem Schnee.

Verglaste Herzen schwimmen in den Seelen,
die nachts im weißen Mond licht untergehn.

Die Städte leisten sich am Himmel weiße Wolken,
die ihre Dunkelheit im gleißend Leuchten übersehn.

Von allem Schein durchsargt vertrübe ich mein Se-
hen.
Auf meiner Haut verheizt sich kühler Schnee.

Doch eine Kerze steckt noch still in meiner Tasche.
Der letzte Span glimmt auf:
Der Grüne Knochen ist zu sehn.

der mond braucht keinen himmel

der mond lebt nur von ihrem licht
und meinem glauben –
und seine schwerkraftwellen
schlagen hart an mein gebälk

das macht mir immer wieder diese wilden
erektionen
und irre träume:
nicht für diese welt

Orientierung

Was ich sehe ist
Nicht was ich taste

Was ich taste ist
Nicht was ich rieche

Was ich rieche ist
Nicht was ich schmecke

Was ich schmecke ist
Nicht was ich fühle

Was ich fühle ist
Nicht was ich denke

Was ich denke ist
Nicht was ich glaube

Was ich glaube ist
Nicht was ich bin

Was ich bin ist
Nicht was ihr seid

Blaue Eier

Haben sie schon mal einem Huhn an die Eier ge-
fasst?
Ja jedes Mal, Ostern

Am liebsten esse ich die blauen.
Die erinnern mich immer so sehr an Karl Valentin.

Ja, hatte der denn auch blaue Eier?
Das weiß ich leider nicht.

Aber so merke ich mir seinen Namen besser!

BaumWort

Wort sage ich.
Woooort!
Wort!
Du Baum.
Du Bauuum - duuu
Wort!!!!

Dich sage ich,
Du Baum:
Du verwurzeltes Gesäug,
Du geästetes Verzweigt.
Du Wort - du WortBaum.
Wooooorrrt!!!

Du ich - Duuuhhh.
Ich Wort - duu.
Ich willlll dich.
Du mich?
WorrrtttttBaum.

Du Mensch??????
Duuuuuuuu ... WortMensch
Duu Bauuuum...

In dunkler Jahreszeit

Die HonigBienen sitzen still in ihrem Zimmer.
Die HonigKuchen schmecken mir zum LadyGrey.
Der TanneHarz verduftet sich, wie immer,
wenn draußen Schnee sich durch die weiten Wel-
ten weht.

Rosinen, die einst pralle Trauben waren,
verbergen sich geziert, mit Rum, im DresdnerStol-
lenLaib.
Am Himmel seh ich, wie sich weiße Engel paaren.
Den letzten Weinbrand ... trink ich - nur zum Zeit-
vertreib.

Die WeihnachtsFrau liefert jetzt den Weih-
nachtsBraten -
aus frischem, warmen Marzipan gemacht, steht sie
vor mir.
Jedoch wie immer ..., im Kamin die letzten Kohlen
haben,
mit ihrer Hitze, schon mein zauses Tuen sich ver-
ziehn.

Tannen schlagen

Im Stalle stehen stumm dreier Könige Kinder,
die warten sich ihr Hoffen in die Welt.

Oh, Heilig Abend, gehst Du wieder nieder,
 über alles was mein Glauben übrigbehält?

Schnell schlag ich heimlich eine Tanne nieder,
bevor der Weihnacht Engel mich mild küsst.

Und voller Hitze eil ich durch den Winter.
Im Stalle stehen stumm dreier Könige Kinder.

Verschrieben

Ich hab mir heut
ein weihnachtslied geschrieben
das sing ich mir
in manchen nächten vor

Ich sing es leis
mit fest geschlossnen lippen
und neige mich zu mir
nah an mein ohr

Ich lausche dann
dem klang der zarten stimme
die in mein ohr aus mir
sich trällern tut

Ich hab mir heut ein
weihnachtslied geschrieben
seitdem geht es mir
wieder richtig gut

Weihnacht I

Am Morgen kommt der Eichelhäher.
Er bringt mir seine Eichel här.
Ich sitz am Tisch und trink Earl Grey.
Die Eichel liegt auf meiner Zäh.

Am Mittag kommt ein dürres Weib.
Sie blässt mich auf, zum Zeitvertreib.
Ich sitz am Tisch und trink Earl Grey.
Vom Eicheln schmerzt mein linker Zäh.

Am Abend kommt der Weihnacht Mann.
Er schleppt an Wünschen was er kann.
Ich sitz am Tisch und trink Earl Grey.
Ein Eicheln liegt auf meinem Zäh.

Weihnachten II

Ich steh im Grünen: Tannen
singen. Ihre Lieder!
Ein Engels? Haar …
schwebt aus dem Sternen. Nieder … .

Ein silbern Streif am Himmel, zeigt
sich gar. Am Weg, randstehend
stumm: zwei Kannen.

Ein Weihnachts-Nymphlein
sucht, im Laub, sich.
Eicheln?

Weihnachten III

Wissen sie: am liebsten habe ich pfeffernüsse
Das dachte ich mir schon: sie ferkel
Ja wieso – möchten sie denn einige probieren
Dann könnte ich ihnen dieses wunderbar-schreckli-
che
Geräusch beim aufknacken vorführen
Ach lassen sie mich doch in ruhe:
Mir sind marzipanmösen sehr viel lieber

Stillennachts

1. Es ist kein Christ gekommen,
kein Licht vom sternen her,
kein Gott hat sich besonnen,
kein engeln schwebt umher.

Es ist kein Hoffen oben,
kein BroSamen verteilt,
kein KinderStimmenToben,
kein LobGesang der heilt.

Es ist kein Kind geboren,
kein MorgenLand gibt es,
kein Königsauserkoren,
kein Glocken – nur Vergeß.

2. Und auf der ZeitenAchse
ein grünlich Schimmer schwebt:
ein bläuliches planeten,
ein SchwerKraftWellen bebt.

Ein süßliches Gewimmer
erfühlt sich ins Geäst.
Ein MenschGeschlechtesSchimmer.
Ein WeihnachtsLichtesFest.

3. Und doch:
Da ist ein Engel!

In Deinem milden Sinn,
berührt er mich vom Innen,
wenn ich ganz nah - Dir bin.

Südliches Amerika I

Der Geist reist
Eine fantische irrfahrt
Und erwartet

Nur der körper
Wird durch die wüsten
Einer fremde befördert
Und muss leiden

ziegenpeter

wir sitzen in meinem V70
und fahren richtung süden
caruso trällert eben
sein santa lucia und
ist heute besonders gut drauf

einmal mailand und zurück
draußen ist der vierundzwanzigste
dezember und es schneit
seit drei tagen ohne pause
die landschaft zu

und caruso haut die arien hin
dass fast die gehör
knöchelchen krachen und
am straßenrand hocken
die elche mit ihren
gasmasken und wollen mitfahren

doch anhalter haben bei
uns keine chance bei
sole mio sind wir schon
am comer see vorbei und
der himmel träufelt uns
sein brutales blau auf
die nüstern

caruso fuchtelt wie wild
denn er wollte in sirmione

maria kalogeropoulos mitnehmen
aber ich habe ihm klargemacht
dass wir das ding
alleine drehen

und ich hab ihm gleich
den sprengstoff-
gürtel umgeschnallt vor
der scala ist er dann
raus und kaum durch
die menge menschen hineingekommen

auf der rückfahrt
sagte der sprecher im
radio das gebäude sei
bis auf die grundmauern
weg nichts mehr übrig leider
sei der ministerpräsident mit
ziegenpeter zu hause -
nicht erreichbar

Verklungen sind die stillen Lieder

Das letzte Jahr neigt sich
zum Ende des Jahrtausends -
vergrämt aus seiner starren Hülle.

Apostel blasen schaurig ihre Tülle.
Die Töne klingen schrön:
doch auch, wir glauben's.

VollMond

Der Zwerg
wirft sein Gespinst
über den Sand.

Der Mond
vergeht sich silbernd
ohne Licht.

Ich lasse
meine Spur
in steiler Felsenwand.

Wer ich
auch bin: ich
kenne mich doch nicht.

EinmalBerlinUndZurück

Jeden Tag haben wir uns
Einmal gefickt
Immer wieder
Jeden Tag
Einmal gefickt
jeden Tag einmal
Mindestens
Oder
Manchmal auch noch
Mehr
Und keiner
Hat etwas bemerkt
Die MfS-Eltern nicht
Die ganze Stadt
War immer die gleiche
In dem schmalen Zimmer mit
Zwei Betten
hat sie's nie fertiggekriegt
In dem glotzigen Sandstein
Bau am Waldplatz gegen
Über dem ZentalStadion
In diesem Zimmer in
Dem vor vierzig Jahren vielleicht
Ein Versicherungsphilisterchen
Hunderttausend Akten
Befingert hat
Und es
Keiner bemerkt hat
Was da so draus werden

Wird
Jeden Tag einmal
Gefickt und immer ein
Papiertaschentuch dabei
Nicht weit
Von der elenden
WaldPlatzKneipe
Entfernt inmitten von
KartoffelSallatTellern und blassen
Bieren und die Kellnerin
Brüllt uns entgegen: was
Saufen wollt ihr
Auch noch und: was
Auch noch fressen und
Das hört sich an wie:
Ficken wollt ihr auch
Noch dann hat sie
Plötzlich den altmodischen
Etwas ausgeleierten hellblauen
Mit bunten Gänseblümchen
Bedruckten Zweiteiler an und
Ich liege nackt
Im heißen Licht
Einer üppigen Juni-Wiesenlandschaft und
Plötzlich ist Schluss
Einfach Schluss
Das Licht geht aus und
Von fern letztes rufen der
Verwirrten Stimme:
Was
Ficken wolltet ihr auch noch!

eintopf aus kadavern

wer ist das schaf
im himmel meiner wolle

wofür brät schnitzel
sich in seiner pfanne

welch käse wünscht sich
einer ziege euter

mit welcher kruste brot
kann sich mein beissen mildern

welch grasen träumt sich
einer weide herde

in welchem turm kircht sich
ein wesen engel

welch sternen pulst in mich
sein wellen nicht vergebens

in wessen auftrag
weidet mich die welt?

eins zu null für die fliegenden fische

einer pumpt den wasserball etwas praller auf
die trikots sind frisch gewaschen
der schiedsrichter holt seine pfeife heraus:
rauchen ist nicht erlaubt
auch bieren

alle suchen den torschützen
der himmel ist blau wie das wasser
im moment da alle fische in der luft sind
zieht jemand den stöpsel heraus

Verschollen

Das was mir einzig von dir blieb
Das ist ein stein von einem fernen strande

Der liegt jetzt tief so tief in mir
Ganz nah bei meinem sinnen

Und die musik aus einem stillen liede
Verleiht ihm rätselhafte stimmen

Das was mir einzig von dir blieb
Das ist ein stein von einem fernen strande

lesung

sitzt und liest
drei dürre gedichte
der reißverschluss unterm nabel
ist offen
und jeder sieht wie normal
das aussehen kann

wie das zu ihm passt
zu ihm
und diesen drei
erschütternden leblosen seelen
dieser schwächlichen gestalt
diesem unserem versäumnis

Verriegeltsind

Hinter
Hinter einer
Hinter einer belanglosen
Hinter einer belanglosen Geste

Liegen
Liegen die
Liegen die unendlichen
Liegen die unendlichen Welten

Unüber
Unüberschau
Unüberschaubarer
Unüberschaubarer Labyrinthe

Die durch
Die durch eine
Die durch eine belanglose
Die durch eine belanglose Geste

Verriegeltsind:
In der Tat!

Ostern I

Der Frühling erwartet mich.
Die Reihenfolge der Jahreszeiten ist willkürlich ge-
wählt.
Zu einem beliebigen Zeitpunkt tritt die Jahreszeit
Ostern ins Freie.
Sie räkelt sich zufrieden und blickt verstört in die
kurz zuvor verblichene
Winterlichkeit.
"Nichts Außergewöhnliches": denkt sie.
Der gekreuzigte ist da hin gegangen, wo er sein
wollte.
Die Kadaver liegen, zusammengesunken, in ver-
schmutzten Schneeresten.
Wer dies sieht, wünscht sich eine Krähe zu sein.
Bald bevölkern, mehr und mehr, bunte Eier die
Welt.
Die Hasen warten noch im Verborgenen.
Jedoch: Bald fangen sie an zu rammeln.

(Zu der Grafik "Scheuche gestürzt" von Paul Flora.")

Ratz-Batz

Aus dem Huhn da fällt ein Ei,
fällt am Osternest vorbei.
Unten wartet schon der Ratz:
frisst es auf, mit lautem Schmatz.

schlümpeltümpelei

auf einem schlümpel
da saß ein ei
gleich bei dem tümpel
die polizei
kam hergelöööft
hat rumgeschnöööft
und festgestellt
dass in dem ei
ein köcken sei:
und schlogts eintzwei

Mir ist so winterlich zumute.
Vom Weihnachtswald bin ich umringt.
Und da!!!
Ein schwarzes Loch schwebt
am sternigen Himmel -
fröhlich zwitschernd - dahin.
Ich Stimmungsvoller winke ihm
noch zaghaft hinterher und
spreche mir die unbekannten Worte ins Gemüt:

-Porglommer
-Symmertreykolk
-Subblunkerprautzzorkmeysel.

Ungeduldig warte ich,
beantwortet zu werden.
Und da!!!
„Zillkporcker 7" schallt es mir,
aus himmlischer Weite,
ins weihnachtliche Gewünsch.

Endlich: „Zillkporcker 7"!!!

Ich zerplatze mich fast kaputt,
vor erschütternder Fröhlichkeit.

In diesem Blau der Meeresaugen

Ich werfe mich
als Flaschenpost in Ozeane
in Pfützen zwischen grünen Feldern
hin:
in blaue Meeresaugen, die
umzäunt vom grauen Felsenkahl

Wenn Du unendlich fern
an einer Reling stehst,
und Wetter
alles herrlich machen,
und Deine Stimme
eine Welt umkreist -
als Flaschenpost:
in Ozeanen.

Traumwey

Ich schau still aus der Traumwey
Ein Frauentorso bricht:
Entzwei

Ein weißer Marmor
Deckts Gehsteig

Am Brunnen sitzt
Ein kleiner Hund
Der winkt
Mit einem Ölbaumzweig

ungestört von eurem hetzen

in den nächten wenn
der mond sich stille nieder neigt
um zu voller grösse sich
sachte aufzublähen

in den nächten wenn
der himmel sich mit einem
schwarzen blau umhüllt
und der mond im grellen lichte

in den nächten wenn
mir des gelben mondes schein
meinen nächtlich müden schritten
sonnens licht zu füßen wirft

in den lauen milden nächten
geh ich tapfer zu der stelle
wo die wesen ferner welten
sich in meine wünsche wandeln

VogelFrühling

Wirft eine
Seiner Federn
Ins Gebälk der geästeten
Landschaft

Nixen
Durchwiesen
Die Donauufer und
Hauchen den Blüten Nektar

Sternenlicht
Färbt mein augen
Zwitschernder Gesang
Schwingt sacht

(In Gedenken an Uwe Gressmann.)

vogelfedern

ein voGelfEdeErn
schWebt und Sinkt hErAn

ein FeeDerVogeln
SilbErt mir die stimme

Ein PfErdeHirn
EntkRustet mir die sInne

eIn monDen, tAgs
lEgt mir dEin hOffen Ab

VerTrauen

Vertrauen wir uns,
durch die Nähe,
die unsre Haut empfängt.

Vertauschen wir uns,
mit den Worten:
So uns ein Schamane drängt.

Versinken wir: dann
am Morgen
im Meer, das selber wir sind.

Röslein (rot)

Dort wo sie isst,
sie ihren Mund
mit sanfter Lippen Hauch vergräbt,
lieg ich erst, wenn
mein letztes Licht erlischt.

Dort werd' ich Ihr, als Nahrung,
meiner Seele tiefste Hoffnung offenbaren
und sie wird zitternd
sich an mir erbarmen.

Doch jetzt:
Da ich so mächtig
meine Gier nach ihrem Rot verschwende,
brech' ich sie nieder und
vernasche ihre blutig rote Vagina.

Augen

Drei Pferde fressen eine dürre Wiese.
Drei Rehe eilen hastig durch den Wald,
Der tags ihr Unterschlupf
Und den sie jetzt zerspringen
Und braun sind sie – warum nur braun(?).

Wie viel muss man gesehen haben?
Drei Pferde sind im dürren Gras zu sehn.
Was ist es was wir sehen, wenn wir sehen?
Drei Rehe tuen's ihnen gleich – wie schön.
Bin ich's der sah, bevor ich glaubte mich zu kennen?
Drei Rehe, die zerspringen ihren Wald.
Wer ist's der sieht, wenn mich drei Rehe sehen.
Der Zar Simeon, der passt so recht zu meiner Art.

Betäubung

Wenn der schmerz zu stark ist
Gehe ich gern zum zahnarzt

Dort warte ich im bereitstellungraum
Bis ich freundlich hereingebeten werde

Der gemütliche sitzplatz gefällt mir
Dort bin ich gut aufgehoben mit meinem schmerz

Die zahnärztin macht sich
Mit ihrem instrumentarium ans werk

Nach vielfachen bohrungen im maroden
Befindet sich mein schmerz am höhepunkt

Ich bin erstaunt über das leid welches
Der herausgebohrte schmerz mir hinterlässt

Kurz bevor ich aufspringen möchte
Um davonzulaufen ist die behandlung zu ende

Meinem mann muss ich in solchem fall
Immer eine betäubungsspritze geben sagt sie

Ich schleiche mich wie der erlöste
Hinaus in die trübe kalte winterlanschaft

Kaputt wie die welt

Heute hab ich bukowski getroffen
zufällig
zwischen A und C
hing er so rum
ich erkannte ihn erst nicht
so mit diesem grünen rücken
und dann aber seine initialen:
charles bukowski
ich muss ehrlich zugeben
dass ich ihn mir ein ganzes stück
anders vorgestellt hatte
nicht so gewöhnlich formatiert
wie `n rentier in ´nem sonntagsanzug
eben so `n klein wenig bukischer
nur die bilder waren ganz interessant
vielleicht waren's auch die
die ich als ihn meinte
aber ist ja egal
ich glaub auch die bilder waren
insgesamt ziemlich zu nett
so klar und bunt oder so
also stand er nun da rum
vielleicht grad mal so 1 ½ kg schwer
und ich lud mir das ganze zeug
in `ne plastiktüte
und zog los
und irgendwie ging mir ´n licht auf
so nach und nach
das buk das alles richtig ernst gemeint hat

der lahme sack
mit schnaps und kotz und prügelei und so
die beschissne welt durchstreift
als `ne art beispiel für uns alle
immer mit der schnauze im dreck rumwühlen
oder in ´ner schmierigen fotze
und dann wieder `ne ladung alk
draufgeschüttet
und dann immer wieder eine drauf
auf die volle schnauze

SelbstBegreifung

Auch wenn ich mich nicht trau:
mich selber zu begreifen.

Wer traut sich's schon,
mit seinem scheuen Greif.

Was man sieht,
sind hirngespinstig Speisen.

Mann sieht die Anderen,
auf sinnentleerten Reisen

und schaut am nächsten Morgen
still auf seinen kleinen Schweif.

Auch: wenn ich mir's nicht trau -
befind ich mich auf irrsinnigen Reisen!

Der Zebramacher

Der Zebramacher
Hängt sich
am seidenen Faden
Unserer Dt. Dümmlichkeit

Umjubelt vom sahnigen
Schaum seiner Macht
Geilen Emporkömmlingen:
Das Dt. Volk folkt.

Der Zebramacher
Nimmt sich sein B
Und den gestohlenen
Brückenpfand

Die Hülle am zum Tore
Erstarrten Sande
Gibt das säulige
Skelett frei

Der schwule Meister
Lässt sich
Seinen monströsen
Orgasmus bejubeln

Des greisen Guru Tremor
Erschüttelt
Verschandelte Lauten
Sich in Selbstgefälligkeit

GerHardt nimmt sich
Seine Lanze
Im Auftrage der
bullemische Gazelle

Ein weißer Neger
Erlegt das schwarze Zebra
Noch bevor die letzten
Gletscher kalben

FrühGenug

der morgen sitzt so still in unsrem garten
und schaut wie sich der milde wind benimmt
ich fasse mir mit kleinem finger sacht auf deine rip-
pen
die längst von deinem brüsten eingenommen sind

das licht scheint wie es will und wärmend durch die
blätter
die weissen blüten über uns zupft lauer morgen
wind
ich mache mir ein bild von dir doch du bist netter
und nimmst mir meine hand - dass ich sie find

in deiner dünnen schlangen haut
bist du so groß und weich und kühl

so bleibt die welt heut ohne uns dort draußen
und du ein archipel für mein idyll

drehorgelspieler

der drehorgelspieler nimmt die alte platte
heraus und fragt sich fragt sich drehorgel
spieler: wieso? wieso hast du jetzt wieder
die alte platte herausgenommen so sitzt er
und viel fröhliche zeit vergeht und das selt-
same grüne wasser strömt sich durch die
hauptstadt und der drehorgelspieler sitzt
gegenüber den dunklen scheiben des
großen palasts und als die alten gaslaternen wieder
ihr geborgtes licht hergeben legt auch der drehorgel-
spieler gern die alte platte auf und spielt und die kin-
der hüpfen und tanzen und singen und drehen ihre na-
sen auf um zwölf und die leute aus vitt und käßlitz
sitzen im gras und tauschen ihre schnürsenkel und die
alte platte dreht sich und der drehorgelspieler steckt
sich einen kaugummi zwischen die kiefern seines
gesichts
und die welt riecht nach pfefferminze

Und ein Bier von der Tankstelle

Am Tage treffe ich einen Bäcker.
Ich kaufe ein Brot von ihm.
Abends sitze ich in meinem Sessel.
Hingestreckt!
Ein Lachs-Fisch legt sich zu mir.
Auf mein Brot.
Ich bin ihm dankbar und beiße
genüsslich zu.

Und ein Bier von der Tankstelle
(In seiner Dose)
lacht sich eins ins Fäustchen.

VerFrüht

Heut hole ich mir meinen Frühling wieder einmal
raus.

´s ist mir so leid:
die dunklen, kalten Mächte.

Heut' hole ich mir meinen
Frühling wieder raus -

´s ist, als ob mir's eine machen möchte.

VerHüllung

Ein Kokon am Maulbeerbaum,
bin ich.
Gespinst aus
feiner, weißer Seide.

Hohles Gespinst:
so hohl und leer -
verlassen von der Raupe.

VomSternen

Eine Muse bewohnt meinen fremden Stern.
Sie nistet dort einsam,
seit sechzig stillen Jahren.
Ein wilder Laib hüllt ihr Gebein
und ich muss ihrer Seele Nahrung sein.

Steht dann die Sonne rot, so tief am Horizont,
lädt sie mich ein:
Ich soll ihr Museologe sein!

Sprache

Was soll ich
Dir schon sagen:
aus solch einer
immensen Nähe?

Vielleicht:
was sich die Gnus,
während sie ihr Weiden
gelangweilt unterbrechen,
zuflüstern.

Casanuova di Nittardi

Ich bin die Zeit. Endlos vergehe ich.
Über Panzano quellen weiße Wolken
ins Blaue. Himmels Meer.

Mit ihren flachen Bäuchen schwimmen sie die
hüglige Landschaft entlang und scherzen miteinan-
der.
Ich pflücke mir eine herab und tupfe sie in den gel-
ben Ginsterduft.
Schwalben fliegen scheinbar ziellos durch mich hin-
durch.

Der milde Wind vergisst zu atmen und unter dem
blühenden Lindenbaum spreizt sich die eiserne Gisela -
so sehr sie kann.
Sie weiß von alledem Nichts.

Ich bin die Zeit, die endlos vergeht.
Wer hat mich geschickt?
Wer erwartet mich zurück?

Die Hügel weben sich ein grünes Gewöll ums stei-
nerne Herz.
Niemand wird mich finden!
Nie werde ich bei mir zu Gast sein!

Ich bin die Zeit.
Ich durchstreife endlose Ewigkeit.

Aus dem grünen Gewöll der Hügel weinen sich purpurne Tränen in mein leeres Glas: Chianti Classico.

(Der große alte Mond ist wieder so schrecklich voll. Vorsichtig und leise, fast unbemerkt, verbirgt er sich im mütterlichen Schatten.)

AusRitt

Ein pferd liegt still
Auf meinem rücken

Es spreizt sich zierlich sein gebein
Sein blauer himmel möcht ich sein

Ein grelles sternen
Stößt ihm in's gemächt

Auf einem rücken
Möcht ein pferd ich sein

Absichtlich

Ich bin das urteil
das mir täglich auf die füße fällt
dort liegt es dann
und wird von mir mißachtet

ich trag es bei mir
schon seit allen ewigkeiten
in einer kleinen zelle wohnt es wo es sich vergnügt
mit anderen und von der welt fast unbeachtet

ich gehe weiter
hin durch endlos ferne wüsten
dort such ich was ich gerne finden würde
und werd von meinem urteil stets mißachtet

bis es dann unvermutet
mir ganz plötzlich wieder auf die füße fällt
doch die sind stetig von mir angetrieben
und bleiben nur ein instrument und unbeachtet

ich bin ein urteil
das auf meinen füßen liegt
dort werf ich es am liebsten hin
und wär es nicht so
blieb ich sicher unbeachtet-
von all dem was ich find bei tag und nacht

doch eines tages nehme ich mein kleines schweizer
messer

das still in meiner linken hosentasche liegt
und mit der säge daran trenne ich behutsam
mir beide füße ab –
und hoffe dass es lacht

Ausgeritten

Ich möcht von einem Pferd geritten werden
Das mir den Damensattel straff anhalftern tut

Dann bäum ich mich bei meinen ersten schritten
Wenn mir sein sporen bäuchlings Schmerzen tut

Und hetz ich durch die pflasterlosen Weiten
Dann spür ich's stille Beben meines Reiters gut

Ich möcht so gern vom pferden durchgeritten wer-
den
Doch als Beamter lebt man auch ganz gut

FeindAllerKlassen

da stand er
wieder einmal
mitten auf dem kartoffelacker

wir gruben
in großer eile
die schützenlöcher stehend

auch der unteroffiziersschüler
rottenbächer wartete
diese nacht vergebens

in der folgende nacht jedoch
zerbrach sich ein friedensschichtarbeiter
darin sein halsgenick

modellierte konstellation

der februar verwandelt seinen wind in unsre kalte
haut
die straßen nehmen sich etwas von unsren starren
schritten

ein zwerg taucht aus dir auf und redet über fremde
wesen
der strohhalm der ich bin hat sich dir anvertraut

Sichten

Würden sie sich denn sichten lassen
Wogegen denn
Gegen geld natürlich

VerSeelt

Dein Fleisch hat sich gegart in unsrer Hitze Knochen
und strotzt so prall und saftig jetzt an Dir.
Ich greife tief in Dich - bis an der Seele Knochen.
Der milde, feuchte Umbra-Odem haftet mich an
Dich.

Langsam und sacht hast Du Dich aus dem heißen
Schaum gehoben
und sitzt gespreizt-lasziv auf pergamongefärbtem
Rand.
Die Augen wild vom gieren Sinn verwoben,
haucht sich ein weißer Nebel an die Wand.

Das leise Stöhnen der Gestirne hat auch Dich ergrif-
fen,
wie Plasma sich hinaus ergießt, in endlos weiten
Raum.
Schon hab ich zittrig-fest mir meinen starren
Schwanz ergriffen
und diabolisch strömt mein Faun in seinen Wahn.

VerZeihen

der kam und nahm
die rübenhafte möhre mir
aus der gesichtesmitte

und ganz wie selbst
verständlich auch die beiden
kohlrabenschwarzen stücke augen

und wurde wasser mir
mein stolzer weißer tonnenbach
und auch der rücken schulter bärenbrust

und fragst du sommers
schwalbenschwanz
der flattert nur und lacht und tanzt

Juwel

VomEs

Wie es im regen steht
Wie es auf stegen geht
Wie es auf stelzen stelzt
Bevor ein lawin wälzt

Wie es im schlaf verwandelt
Wie es als schaf verhandelt
Wie es ein fell entstaubt
Bevor ein raupen raupt

Wie es sich schnitzel brät
Wie es sich nitzeln tät
Wie es kartoffeln suppt
Bevor ein lama spuckt

Wie es sich nasen schnäuzt
Wie es sich hasen käuzt
Wie es im kalten schwitzt
Bevor uns wärme hitzt

Wie es die hände schmutzt
Wie es die nasen putzt
Wie es in kiepen hockt
Bevor ein ziegen bockt

Wie es karl marx zitiert
Wie es sich agitiert
Wie es voranmarschiert
Bevor ein walfisch wiehert

Wie es sich software giert
Wie es computeriert
Wie es ein programm macht
Bevor der vollmond lacht

Wie es den fortschritt spürt
Wie es demonstratiert
Wie es makaronie höhlt
Bevor ein klugschiss grölt

Wie es so glotzt und stiert
Wie es dann kotzt und giert
Wie es hypertrophiert
Bevor es still krepiert

Wie es im buche steht
Wie es um buchen geht
Wie es in nischen nippst
Bevor man sie zugipst

vom bereiten kleiner pferde

was ist ein pferd schon wert
möchte man meinen
wenn beim bereiten meine beine
am boden schleifen oder
den langen weg sich selber gehen müssen

mit einem kleinen pferde
zwischen meinen beiden beinen

vom eichen

wieso denn wächst die deutsche eiche
immer noch so knorpelholzig
trotz der täglich schwabbernd seiche

ausgeweidet liegt im tuche
immer noch so bleichgesichtig
eine starre dichterleiche

Unmerkliche veränderung

Die welt ist eine scheibe
Was soll sie sonst auch sein
Man nimmt sie in beide hände
Kippt sie in eine beliebige lage senkrecht
Und wartet kurz ... ob etwas geschieht

Nichts geschieht, gar nichts
Die welt wird ebenfalls warten
Denn sie denkt ja das gleiche von mir
Sie denkt:
Da wartest du eben mal kurz
Was mit dem geschehen wird
In dieser veränderten lage der dinge

Und so warten wir beide
Angesicht zu angesicht
Unbemerkt von allen anderen

Zweck

Jedes mal, wenn ich aus einem buchladen komme
Denke ich, dass ja schon alles aufgeschrieben ist

Warum schreiben sie dieses zeug auf weißes papier
Es gibt doch andere arten sich ab zu lenken

Jedes mal wenn ich aus dem leben komme
Denke ich, dass ja erst das geringste erledigt ist

Ich bin dabei unter zu tauchen

Und sitze im Cafe
Und trinke Cafe ohne zu rauchen

Gedanken sind meine Gestirne
Und draußen fliegen die Tauben:
Vorbei!

Doch drinnen:
Da sitzen die Frauen
Sie sitzen und sitzen und rauchen

Und draußen fliegen die Tauben
In Bildern wie ferne Gestirne

Weiß sind sie
Weiß wie ihr Glauben

Suche nach dem Zwerg in mir

Zu glauben, dass Mann von diesem
Berg aus sich selbst beobachten kann ist töricht.
Als Riese beginnt Mann den Aufstieg,
am Geröll zu seinen Füßen.

Erst auf dem Gipfel, in eisiger,
klarer, sonnendurchfluteter Luft
bemerkt Mann sich als zwerghaftes
Wesen mit verstümmelten dürftigen Sinnen.

Hier wo die Welt leer ist
leben einzig die Erinnerungen.
Keinerlei Proviant kann
das kleine Überleben schützen.

Blickt Mann ein letztes Mal
hinab in Nebelschwaden, um
seiner Vergangenheit Gewissheit zu geben,
damit die weißen Flügel sich entfalten.

In der Ferne erscheint die dünne Linie
des Horizonts der eigenen Wünsche.
Im Spiel unsichtbarer Kräfte
fliegen Vögel phantastische Manöver.

Der Zwerg, der ich bin, wirft seine Hülle
ins vereiste Gipfelgestein und
mit sanftem Flügelschlag dieser weißen
Schwingen gleitet Mann ins Unendliche davon.

SteigenUndSinken

Wo mich die Füße tragen,
senkt sich die gelbe Wimper sacht
von ihrem Stern: der abends,
rötlich, in grüne Wasser sinkt.

Und eine Möwe steigt:
von starkem Winde steil getrieben,
am weißen Sediment
verblichnen Lebens hin.

Und steigt und sinkt,
so sinnend fortgetrieben,
über Gesichter, flach:
die morgen blasse Schatten sind.

Dann gehe ich hinaus

Dann gehe ich hinaus in die Nacht.
Ich messe die Außentemperatur,
lege meine sieben Sachen ab
und
fliege davon!

ein Herz

ein herz
für neger
und ein ganz kleines
ein klitzekleines
für uns

siebenmonde

sieben monde
schauen auf mich
herab

ich versuche meinem glauben
einen namen zu geben:

gollzankor!
scheint mir der
richtige

endlich habe ich
einen
gott

The lion sleeps in the sun.
Its nose is on its paws.
It can kill a man.

(Wallace Stevens)

Jesus ist unser Freund im Himmel

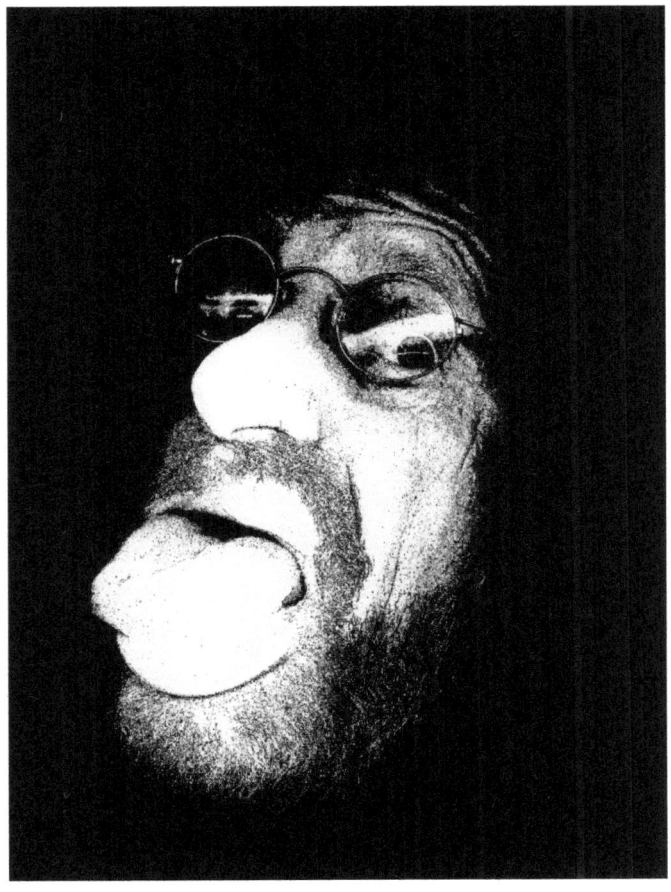

Der Glaube ist heilig - oder nicht

Mimikry

Blankenhain war damals ein ganz normaler Ort - so normal, wie ich mir vorkam oder auch nicht - ungefähr 750 Jahre alt. Ich so um die 13 Jahre. Im Sommer war meist schönes Wetter.

Manchmal, besonders an Nachmittagen, war in Blankenhain nicht viel los.

Ich hockte zu Hause. Die Sonne schien schräg ins schmale Wohnzimmer.

Einmal alle zwei Wochen musste ich spätnachmittags los. Da war Fanfarenzugtraining. Wir marschierten aus dem Ort raus und lärmten dann im Wald ordentlich rum. Ich blies Fanfare, die mein Vater zu Hause immer kontrollierte: Ob sie auch nach dem Putzen mit Elsterglanz perfekt aussah.

Das Haus stand in der Ackerwand 6. So eine Art Zwei-Etagen-Reihenaus. Meine Eltern wohnten mit mir oben rechts – oben links meine Großeltern.

Unten befanden sich zwei kleine Mietwohnungen und nach hinten die Schuhmacherwerkstadt meines Großvaters. Die Werkstadt hatte ein großes Atelierfenster zum Hof, der aus gestampftem Lehm und runden handverlegten Pflastersteinen bestand.

Hinten im Garten spielten die Bienen meines Großvaters. Der war Schuhmachermeister und ab und zu Imker. Zwischen Obst, Gemüse und einer Wiese für Karnickelfutter gefiel es den Bienen, im Frühling und Sommer ihr Bienenleben auszuprobieren. Im Herbst und Winter waren sie harmlos und in ihren Beuten verborgen. Meine Großmutter war Hausfrau.

Wir wohnten also in der ersten Etage. Das Haus bestand aus Holz und Lehm. Die Fensterscheiben waren dünn und im Winter innen mit einer recht dicken Reifschicht, aus fremdartigen Pflanzen, bedeckt. Auf dem Dachboden lag noch der Rest des trockenen Heus des letzten Sommers. Das diente als Karnickelfutter.

Ich hatte ein Sportfahrrad mit Felgenbremse und Dreigangschaltung. Es gab kaum einen, der da mithalten konnte.

Damals gab's meist nur ganz simple Räder. Ich hatte die Kleine Friedensfahrt in der Kreisstadt Weimar gewonnen. Warum wusste ich damals auch nicht so genau. Man fährt einfach los und wartet nach dem Ziel auf die Anderen. Dann fährt man nach Hause und fertig.

Ansonsten war nachmittags eben nichts weiter los. Ich holte mir einen Satz Unterwäsche meiner Mutter aus dem Schlafzimmerschrank, schnappte mein Rad und fuhr in der Gegend herum.

Die Wälder bestanden aus Fichten und Kiefern. Fast alle hoch gewachsene Bäume. Im Spätsommer gab's massig Heidelbeeren und Pilze. Manchmal sammelte ich, nach und nach, einen Sack Kiefernzapfen. Dafür bekam ich 2 Mark.

Meine Mutter arbeitete als Sekretärin in der Porzellanfabrik. Weimar-Porzellan hatte oft Goldränder und Kobaltblau. Über 90 Länder bekamen davon etwas geliefert. Die Sammeltassensammler sind hinter denen mächtig her gewesen. Wenn ich an der Hinterseite vorbeifuhr, wo die Porzellanmalerei sich befand, roch es immer eigentümlich nach den dort verwendeten Farben. Durch die großen Fenster konnte man den Malern zuschauen. Der Wald war trocken und roch nach Kiefernharz.

Der Betriebssportverein hieß Chemie Blankenhain. Damals war ich ziemlich unsportlich.

Es gab eine Menge sonnige Waldlichtungen. Da kam selten einer hin. Ich kannte mich gut aus. Ich zog meine Klamotten aus und die Unterwäsche an. Die hatte etwas unheimlich abenteuerliches und einen sehr angenehmen Duft. So trabte ich da auf einer dieser Lichtungen herum. Zwischen dem Erikakraut und grobhäutigen alten Kiefern. Ich fühlte mich wahnsinnig euphorisch und wie außerirdisch. In den BH hatte ich je ein Paar zusammengerollte Socken als Füllung gesteckt.

Einzig mein immer größer werdender Schwanz störte. Ich steckte ihn nach hinten, zwischen meine Beine. Das führte jedoch zu einer dramatischen Situation: Von Sekunde zu Sekunde verspürte ich einen Anfall von Muskelzittern, Ohrensausen und Sehstörungen stärker und stärker werden. Ich konnte mich nur mit Mühe auf den Beinen halten. Ein wahnsinniges Zucken ergriff mich und ich musste alle Kräfte aufbieten um am Leben zu bleiben.

Eine weißliche, seltsam beschaffene und riechende Flüssigkeit lief durch den seidenen Schlüpfer an meinem nackten Oberschenkel hinab.

Ich war von einer schrecklichen Krankheit befallen worden.

Mit viel Mühe konnte ich die Spuren dieser bedrohlichen Aktion verwischen. Glücklicherweise hat die Krankheit mein weiteres Leben nicht unwesentlich beeinflusst und ich bin für mein Alter auch heute noch relativ gesund.
Gott sei Dank.

Butzler schlägt auf

Die Tage Anfang Dezember sind meist leer. Irgendetwas fehlt. Was es auch immer sein mag. Eine Leere, die sich vom nächtlichen Winterhimmel aus über alles niedersenkt. Schwarze Winterwolken, die ihren eisigen Luftatem hauchen, auf eine weiß glitzernde Landschaft.

Leere, die einem unsichtbaren Virus ähnlich, als unerwünschter Besuch in die kleinsten Ritzen des Körpers sickert, um von dort die heiterste Gemütslage zu unterwandern. Leere macht sich breit, wohin man auch fühlt. Entleerte Tage, Stunden, Sekunden und so weiter.

Genau gesagt wird alles umso leerer, je weiter sich das Weihnachtsfest aus seiner schwarz-weißen winterlichen Idylle behäbig auf die alljährliche Reise begibt.

Vielleicht hat jene Leere Ihre Ursache auch darin, daß man sich zunehmend auf sein kleines zartes Ich besinnt. Dieses zierliche Wesen, welches wir so permanent in uns behüten, von allen Hintergründigkeiten fernhalten wollen und gerade darum mit Dingen schlimmster Statur konfrontieren. Wie es auch sei. Zunehmend bemerkt man sein entleertes Dasein, fühlt sich nach und nach doch etwas wohlig in seiner Gegenwart und findet diesen Zustand recht akzeptabel.

Ein Hauch flackernden, gelblichen Kerzenlichts ringt sich zäh durch die Dunkelheit. Das immer kleiner werdende, schmächtige Ich bemerkt seine unaufhaltsames Dahindriften, lehnt sich gemütlich in dem alten Ledersessel zurück, schlägt die Beine übereinander, stützt den Kopf auf die linke Hand deren Ellenbogen auf einem Oberschenkel ruht um genüsslich diese anheimelnde Leere in sich aufzunehmen. Eine Drift, gleich einer Reise auf immer kleiner werdender Eisscholle.

Butzler steckt den Haustürschlüssel in die rechte Jackentasche und läuft los. Auf seiner Armbanduhr leuchtet eine 23 und eine 04. Gerade die richtige Zeit, denkt er. Alle sind weg. Wie die Kuchen Krümel auf dem Fußboden seines Wohnzimmers. Einfach den Staubsauger genommen und: Sch...lll...ummmbb! Weg das ganze Zeug. Sch...lll...ummmbb! Nichts bleibt als verschneite, glänzende leere Straßen. Nur das leise, gelbliche Licht aus Fenstern, Laternen und unterschiedlichsten Ausschmückungen rieselt still.

Butzler läuft sein gewohntes Tempo. -23°C denkt er. -23°C machen Schnee und Eis ziemlich spröde. Bei jedem Schritt ächzen die schneebedeckten Eisplatten unter seinen Füßen und Schneekristalle knirschen wie feine Glasscherben.
Ordentlich kalt. So wie er's am liebsten hat. Kalt, dunkel, leer und oben ausreichend viele Sterne. Wie ferne Leuchtfeuer unbekannter Raumfahrzeuge.
Butzler hört sich laufen. Hhh-Krchch..., Hhh-Krchch..., Hhh-Krchch. Guter Rhythmus: denkt er. Sein Körper läuft von selbst. Keine Kontrolle nötig. Keine Kontrolle, kein Antreiben mehr nötig. Läuft und läuft und läuft. Fühlt sich elend gut an. So wie von selbst dahin zu treiben.
Nach 17 ½ Minuten hat Butzler normale Betriebstemperatur. Alles im grünen Bereich. Nach und nach

versenken sich die Gedanken ins Universum seiner Innenwelt.

Hinter Ebertshausen macht die Straße eine leichte Linkskurve. Rechts hohe Tannen und dahinter ein Wiesengrund mit diffusen Nebelschwaden. Auf der anderen Seite steigt das Gelände sofort, ebenfalls von riesigen Tannen bestanden, stark an.

Nachts ist hier kaum Licht zu sehen. Butzler braucht keins. Tausende nächtliche Läufe haben zu automatisierter Routine geführt und er trabt, wie für alle Ewigkeit traben müssen, den äußersten linken Rand der Straße entlang. Ab und an schließt er die Augen und läuft ohne Fehltritt weiter. Er ist stolz. Nichts kann ihn beirren. Er kennt seine Strecke genau.

Doch da. Plötzlich hinter der nächsten Biegung. Butzler ist wie vom Schlag getroffen. Fast wäre er stehen geblieben, so überraschend trifft ihn der unerwartete Anblick.

Mitten in der sich oben abzeichnenden dunkelblauen Schneise erblickt er ihn. Sein breites freundliches Lächeln, das mehr einem Schmunzeln ähnelt. Groß und breit glotzt er herunter und dann dieses seltsame Grinsen: denkt Butzler. Fast ein wenig Ironie. Aber Butzler stellt sich taub. Trotz der inneren Stimme, die ruft: Na. Butzler, du alte Knallmöhre. Immer noch unterwegs? Vergiss mich nicht. Solltest du irgendwann mal ankommen!

Wenige Schritte später, nach der nächsten Kurve, herrscht wieder Dunkelheit.

Nach einer Stunde dreht Butzler um. Jetzt nur noch die 15 km zurück. Er läuft weiter ohne irgendein

Anzeichen von Schwäche. Die kleinen Eiszapfen aus seinem Schweiß, an Bart und in der Nähe der Handgelenke an den Ärmeln der Gore-Jacke, wachsen aus Tropfen seines Schweißkondensats, ähnlich wie es Stallaktiden tun. Der festgefahrene Schnee ist staubtrocken und trittsicher. Ab Ortseingang Mehlis schmeckt er den Kohlenrauch. Sein Auswurf macht graue Löcher im Schnee.

Als Butzler wieder in den Wiesenweg einbiegt ist nichts anders als vor 115 Minuten. Nur der Atem pulst intensiver und das Blut befördert deutlich mehr Hitze nach draußen. Die gefrorene Jacke raschelt gleichmäßig im Rhythmus der Schritte. Er entfernt nebenbei die lästig gewordenen Eiszapfen und stutzt als sein Blick am Ende der Straße etwas Schwarzes entdeckt. Undeutlich im Schatten der einstöckigen Häuser liegt etwas. Schwarz. Schwarz und unbeweglich. So scheint es jedenfalls.

Butzler trabt nun locker und beginnt gezielt zu schauen. Das schwarze Objekt bewegt sich ähnlich einer Krabbe auf der Schlittschuhbahn. Seine Sinne sind hellwach.

Die letzten 50 m nähert sich Butzler mit langsamen Schritten. Er geht zögernd. Kurz vor dem am Boden liegenden ist ihm klar, daß sich hier ein Betrunkener verzweifelt müht, auf seine viel zu glatten Sohlen zu gelangen.

Wie lange der hoffnungslose Kampf schon dauert interessiert Butzler jetzt nicht. Noch bewegt der Kerl sich: Denkt Butzler. Nur seine Fähigkeiten zur Sprache und Fortbewegung sind völlig unkoordiniert, unbrauchbar. Aussichtslos, den Überlebenskampf in dieser vorweihnachtlichen Kälte zu gewinnen.

Nachdem Butzler zwei-, dreimal versucht hat den Betrunkenen neben sich aufzubauen und dem jedes Mal seine Füße wie auf Schmierseife wegschlupften, blieb nur noch eins: Butzler zog dem Typ die Schuhe und Strümpfe aus. Dann die Schuhe auf die bloßen Füße und darüber die Socken.

Auf Anhieb Erfolg. Der aufrechte Gang klappt. Zwar schwankend unsicher und mehr schleppend. Aber gut. Wäre noch zu erfahren wohin eigentlich. Wohin die Reise jetzt gehen muss! Ja wohin?

Butzler kann die verfremdete Sprache nicht deuten. Blieb ihm nur: Immer in die Richtung, die der Typ mit dem geringsten körperlichen Widerstand gewähren lies.

Nach 20 Minuten durch die Nacht stand Butzler vor einem ihm unbekannten Grundstück.

Alter, eiserner Zaun. Hohe Buchen und dergleichen und auf einem Hügel eine größere alte und etwas ab-gebröselte Villa.

Der Weg zum Haus verlief in weitem, sich bergan windenden Bogen über den mit glatt geschobenem Schnee bedeckten breiten Fußweg. Kein Problem für Butzler. Seine Winterlaufschuhe sind fast neu. Enor-mer Gripp auf allen Geläufen. Selbst der sackige Be-trunkene, der krampfhaft an seiner Schulter krallt, macht nichts – bringt ihn nicht aus der Balance. Zügig den Weg zum Haus. Klingeln, den Typ abladen und dann flott nach Hause.

Nach dreimaligem Läuten brummt der Türsummer und Butzler setzt seine Fracht auf einen Korbstuhl im Hausflur. Er rüttelt ihn kurz auf. Frohe Weihnacht und

„guten Rutsch" ins Neue Jahr, ruft er ins Treppenhaus, von wo eine Frauenstimme ruft. Warten Sie doch bitte. Ich bringe Ihnen 10 € runter. Nur einen Moment. Gleich bin ich unten. Für Ihre nächtliche Mühe und die Unannehmlichkeiten.

Danke, ruft er noch über die Schulter nach hinten. Nicht nötig. War doch selbstverständlich. Butzler ist schon angetrabt.

Er zieht sofort das Tempo an. Der Fußweg durch den kleinen Park ist leicht nach rechts abschüssig. Wer erfriert schon gern einen Tag vor Weihnachten, unbemerkt und ohne jede Hilfe. Denkt Butzler.

Trittsicher zieht er seine Schritte etwas länger. Die Dunkelheit zwischen den riesigen Buchen stört ihn nicht. Zumal einzelne Lichtstrahlen der nahen Straßenbeleuchtung herüber zwinkern. Er hört die griffigen Fußaufsatzgeräusche und „Stille Nacht, heilige Nacht" leise von irgendwo her, vielleicht auch nur aus seiner Erinnerung. Er steigert die Geschwindigkeit. Die Musik klingt leise. Butzler lächelt. Die Nacht ist glasklar. Irgendwo muss doch der Mond zu sehen sein?

Was Butzler nicht weiß: In 10 m-Abständen sind Wasserablaufrinnen in den Weg eingelassen. Jetzt unter der mehr oder weniger festen Schneedecke verborgen. Im Scheitelpunkt der Wegbiegung, nach rechts abfallend, verliert sein linker Fuß den Halt. Knickt nach rechts und reißt ihm mit Wucht beide Beine weg. Butzler kracht rücklings auf den Weg. Sein Hinterkopf trifft präzise die Kante der grauen, verzinkten Ablaufrinne. Bei Butzler geht sofort das Licht aus. Schluss – mit einem Schlag. Schluss. Kein letzter Gedanke mehr möglich.

Als letztes fällt die Mütze auf Butzlers Brustkorb, um dort mit einem kaum hörbaren Wupps, wie hintrapiert, liegen zu bleiben.

Ein letzter Gedanke fluoresziert in ihm auf: „Wenn die Nacht die Sternensicht verschloss, trug die Nacht doch stets den Albatros", aus dem Gedicht Erich Arendts.

Schmilzt denn der Schnee

Irgendwann schmilzt der Schnee. Die Luft ist von unvermuteter Wärme durchsetzt. Letzte weißliche Reste liegen im verwitterten Gras des vergangenen Jahres. Ich schlendere oft in den freien Stunden die zerfahrenen, schlammigen Feldwege entlang. Zufällig trete ich auf eine eisige Stelle. Dies ist der Moment, da eine ständig dort lauernde Kraft mich zu Boden reißt.

Meine Füße schnellen nach vorn oben. Gleichzeitig sackt mein Rumpf mit enormer Wucht nach hinten unten. Laut klatschend finde ich mich in einer badewannengroßen Schlammpfütze wieder.

So ein Scheiß. Denke ich und haue mit der flachen Hand in die kühle Pampe neben mir. Scheißdreck. Wieder an der gleichen Stelle das gleiche Ereignis.

Ich stehe auf und hüpfe wie ein Kängerruh mit viel zu kurzem Schwanz, um den groben Dreck abzuschütteln. Während eisige Kälte sich an meiner Gesäßregion zu schaffen macht. Ich fühle mich so, wie ein Schneemann sich fühlt, wenn er eingeschissen hat.

Einige Schlammklumpen kleben am Himmelblau des Himmels. Ein fahlblasser Sichelmond sonnt sein mitleidvolles Lächeln. Die mittägliche Ruhe besteht aus einer leeren Rotweinflasche.

Das Ei des Lebens

Ein dem gebildeten Menschen sehr bekannter Zufluchtsort für Informationen ist das Buch oder der PC oder die Kartoffelsuppe. Gehirne sind auch mehr oder weniger dazu geeignet, den Informationen einen vorübergehenden Aufenthalt zu bieten. Doch vergessen wird häufig das Ei. Nicht das Frühstücksei, Rührei, Glücksei oder so.

Gemeint ist hier das „Ei des Lebens".

Eier aller Wesensarten verbergen also die wichtigen und unwichtigen Daseins-Weisheiten.

Zu gewissen Jahreszeiten ist der Erwartungsdruck bezüglich der Eier exorbitant.

Die Bevölkerung ist voll von Hoffnung – ist regelrecht scharf auf Eier.

Das spüren die gemeinen Haushühner in ihren Legereien ebenfalls deutlich. Sie legen dann besonders fleißig los. Leider purzeln neuerdings besonders gern eigentümlich braun gefärbte Eier ins Nestgewöll. Irgendwo muss ja auch diese Farbe hin, wenn sie noch da ist. Glücklicherweise existieren fünf Eierfarben als Übertünche des Übels.

Der Kunstmaler spürt den Drang, die Hinterhältigkeit darzustellen. Kaum merkt er die Symbolik seines Werks und wer seinen Pinsel führt.

Doch was sehen wir auf seinem Bild: Der Frühling quillt frisch aus allen Ritzen. Die Gewächse haben sich belaubt. Der große Weltengeist bezaubert die Natur, so wie der Zauberkünstler das weiße, zappelnde Kaninchen aus dem schwarzen Zylinder nestelt.

Männchen und Weibchen begeben sich freudig auf die abendliche Lichtung, setzen sich nieder und beginnen mit Zuneigung.

Ein Rammler gesellt sich hinzu. Dr. Kauz weilt still im Geäst. Er hat seine Praktikantin mitgebracht, die etwas verschüchtert auf einem Nachbarast pausiert.

Unbekümmert lümmelt eine kleine Rotte Wolpse. Für ihre diskrete Art des Augenaufreißens bekannt; stockt ihnen bereits der Atem.

Aber worauf wird hier so stoisch gewartet? Das fragt sich der oberflächliche Betrachter.

Alle anwesenden Bildbewohner scheinen zu warten. Der Mond lümmelt schon flapsig im Himmelsgebälk. Warten kann so traurig sein.

Ja aber worauf warten sie denn? Ja worauf warten sie denn? Worauf warten sie? Ja worauf?

Warten sie womöglich auf die Eier? Oder warten sie auf den Eiern? So viele Fragen!

Wenn die Pinguine fliegen

Wenn zu Jahresende die Sonne nur noch schwach durch die Häuserschluchten der Vorstadt sickert, kann es sein, dass die ersten Pinguine in kleinen Gruppen, nachmittags meist, an den leeren Fenstern vorbei gleiten.

Ihre Bäuche sind frisch gestrichen, so weiß wie der wattige Schnee oben auf Dächern und tief unten auf den Straßen. Glücklicherweise haben Sie ihre Schlipse zu Hause vergessen, sonst sähen sie schrecklich uniformiert aus. Sie flattern wild mit ihren kleinen Flügeln, rufen sich witzige Worte zu und kugeln ab und an übermütig durch die Luft.

Die Fenster bleiben geschlossen, denn draußen ist es beißend kalt. Nicht kälter zwar als in den düsteren Stuben es warm ist. Selbst das Licht scheint, ohne jegliche Wärme, seinem geradlinigen Weg entlang zu hasten.

Wer drinnen sitzt hört nicht das heitere Rufen der Pinguine: "Kommt doch alle heraus und fliegt mit uns eine kleine Strecke"!

Doch nur die eine oder andere alte Katze auf dem Fensterbrett, hinter grauen Gardinenschleiern, schaut ihnen gedankenversunken hinterher und schnurrt eine leise - eine weihnachtliche - Melodie.

Blutwurst und Sterne

Ohne stiefel macht man diese arbeit nicht. Um vier uhr früh.

Der 1000 watt scheinwerfer muss das erforderliche licht hergeben. Vielleicht auch etwas wärme. Der fleischer ist guter dinge. Er ordnet die intrumente.

Alle beteiligten sind irgendwie angespannt. Ähnlich der zuschauer einer öffentlichen hinrichtung.

Das schwein befindet sich noch im stall. Letzte woche, beim ausmisten, war es noch zufrieden, wieder einmal in dem engen hof hin und her rennen zu können. Jetzt ahnt es scheinbar was passieren wird. Mein großvater martin und der schlachter gehen in den stall.

Schon beim anlegen des seils, an das linke hinterbein, beginnt die quiekerei. Bei jedem seiner vorgänger war das so. Wie sollten sie auch lernen, dass es zwecklos ist um hilfe zu rufen. Selbst die sein rufen verstehen würden, könnten kaum etwas zu seiner rettung tun. Was sollte hier rettung bedeuten können?

Die handlanger stehen bereit. Die messer liegen bereit. Das schwein ist bereit. Einer führt es heraus und die anderen verhindern seine flucht. Wohin sollte es auch flüchten, in diesem engen hof. Auf diesen abgelaufenen pflastersteinen aus rötlichem ton. Wie soll es wissen, dass jetzt schluß ist. Jetzt wird ernst gemacht. Schluss mit dem ewigen wechsel von fressen der menschlichen nahrungsreste und gelangweiltem warten auf die nächste futterration.

Wenn es am ring an der stallmauer verzurrt ist sind alle etwas entspannter. Geschafft! Es sitzt da und starrt hilflos panisch auf die im halbkreis versammelten blassen gesichter. Der schlächter tritt entschlossen vor. Der schlächter setzt dem schwein das schussgerät an die stirn: schuss und schluss.

Der schwere körper fällt mit dumpfem geräusch zur seite. Es zappelt noch etwas. Nur kurz.

Die halsschlagader wird geöffnet. So eine dünne, scharfe und lange klinge! Schrecklich spitz. Das blut fließt in die verbeulte aluminiumschüssel. Dampfend in der morgendlichen kälte. Blutrot dampfend. Einer pumpt mit den vorderbein die letzten tropfen raus.

Es wird mit einem holzquirl städig gerührt. Es muss in bewegung bleiben. Immer in bewegung, wie sein ganzes elendes leben lang. Immer im kreislauf.

Ich glaube essig hatte man zuvor in die schüssel gegossen – damit es nicht gerinnen kann.

Irgenwann ist sie dann fertig. Fertig. In menschliche nahrung verwandelt. Sieht prima aus. So prall und das blut schimmert durch den weißlichen darm. Blut und fett und gewürze - blutwurst! Meisterlich!

Ab in den kessel damit. Und sie schwimmt. Schwimmt oben auf. Oben auf der wurstsuppe. Es schweben herrlich duftetende schwaden zum morgendlichen Himmel.

Der fleischer reicht mir etwas zum kosten. Aus dem kessel. Noch heiß. Ich glaube gekochten hoden mit etwas salz darauf. Alle lachen als ich frage, was ich da gegessen habe.

Irgendwann muss schluss sein. Alles muss mal zu ende gehen. Alle sind weg. Keine blutwurst zu sehen, kein wellfleisch, keine sülze, kein presskopf. Alles scheint zu sein wie immer. Die schlächterei ist vorbei. Bis demnächst. Bis zur nächsten blutwurst eben.

Die Welt ist sich selbst Nahrung – spricht eine leise stimme in mir.

Manchmal musste ich nachts raus. Nachts zu pinkeln ist nicht leicht. Besonders zu der jahreszeit des schlachtens. Ich muss eigentlich oft raus - über den hof, auf das klo in der hinteren ecke. Über die abflussrinne in der mitte. Die küchenabwässer flossen durch ein faustdickes rohr an der hausaussenseite in eine abgedeckte rinne zwischen den glitschigen, rötlichen Steinen.

Schön wäre es gewesen nicht pinkeln zu müssen. Aber so einfach ist das leben nicht. Und irgendwann ists dann eben so weit. Ich musste mich auf den weg machen. Noch die wärme des bettes auf der haut. Im dünnen schlafanzug. Die abgetretenen steinstufen runter, durch den dunklen hausflur, die grobe holztür zum hof aufgeriegelt und die acht steinernen stufen an der kartoffelwaschmaschine vorbei und quer rüber. Zu dem aus brettern gezimmerten plumpsklo. Die alten holzlatschen sind nicht bequem. Beim schritt über die abflussrinne rutsche ich auf dem gefrorenen steinboden aus. Ein knallharter schlag auf den hinterkopf. Das dämmrige licht geht aus.

Die sterne gehen an. „Wolfgang", höre ich die leise stimme mir zuflüstern. „Wolfgang, die welt ist sich selbst nahrung"!

Du musst Pallombini werden

Pallombini steckt das Küchenmesser in die linke Hosentasche und geht nach draußen.

Pallombini hat keine Absicht. Er geht nach draußen, ganz ohne Kalkül. Scheinbar wie immer. Oder womöglich doch wie seit Ewigkeiten, an die er sich nicht mehr erinnern will. Seinen eigenen kleinen Ewigkeiten.

Heute jedoch, scheint irgendetwas völlig anders zu sein. Noch hat er keine Gewissheit. Diffuse Gefühle durchpulsen ihn.

Pallombini geht mit schwerem Schritt. Die alten Eichenholztreppen mit ihrem furchig ausgetretenen Profil tragen ihn auf ungewöhnlich staksige Weise hinab. Das linke Bein nachschleppend, den Kopf wie gewohnt ein wenig nach vorn rechts geneigt. Die Augenlieder etwas nur verengt, als verbergen sie eine Art Demut. So erreicht Pallombini die riesige, mit im morgendlichen Sonnenlicht farbig glitzernden, handtellergroßen Glasscheiben ausgestattete, Haustür.

Blau kann er nicht leiden. Blau ist ihm unangenehm. Müsste Pallombini aufschreiben, weshalb er sich mit blau nicht anfreunden kann: Pallombini hätte längere Bedenkzeit nötig. Selbst Weiß würde er lieber wählen und Schwarz: ja Schwarz wäre ihm echt sympathisch. Aber Blau! Mit Blau könnte er sich beim besten Willen nicht anfreunden. Blau ist aber, neben Rot, derart dominant im Licht, welches die mächtige Tür durchströmt, dass Pallombini einzig mit besonderer psychischer Verausgabung nach draußen gelangen kann.

Gedankenverloren öffnet Pallombini die Tür, tritt nach draußen und wird von einem milchig weißen Morgen aufgesaugt. Er fühlt eine Leichtigkeit in sich, sehr dem lichten Weiß des Morgens ähnlich.

Die ihm begegnen strömen an ihm vorüber, als sanfter, milder, morgendlicher Sommerhauch. Sie bemerken nichts von Pallombini. Auch er, Pallombini, bemerkt nichts von sich. Pallombini will nichts, muss nichts von sich wissen. Wozu auch? Wozu soll er sich mit all diesen belanglosen Dingen beschäftigen? Endlich alle Gewissheiten loswerden. Nie wieder schmerzliche Sinngespinste ertragen. Er will nichts von sich wissen. Nie wieder. Denn, was ist es, was er über sich erfahren würde: Das er es gar nicht ist, der sich in ihm nach Für und Wider befragt! Das es ihn nicht gibt. Wen fragt er, wenn er sich nach dem Wetter erkundigt: den Meteorologen? Wen fragt er, wenn er sein Befinden prüft: den Verhaltensforscher? Wen fragt er, wenn er Hunger verspürt: den Cerealienverkäufer? ... und so weiter und so weiter. Wann fragt er sich, Pallombini und antwortet dann auch Pallombini?

All die Fremden in ihm tragen ihre irrsinnig-willkürlichen Geplänkel aus. Mitten in ihm. Haben sich über Jahre in ihn hineingeschlichen, um dort diese fremde Ordnung zu errichten, die ihn, Pallombini, alternativlos dirigiert. Diese Fremde Ordnung, die sein Handeln zum Handeln unzähliger Personen macht. Personen, die längst im Nichts der Vergangenheit verschollen sind. Fremde die ihn alltäglich malträtieren, die er als sein Ich erkennen soll. Die einzig durch diffuse Reste obskurer Gedanken existieren, ehemals Lebender: dieses Gemenge irrwitziger Ideen, die sich über all die ausschütten, derer sie habhaft werden können.

Immer wieder neu orientieren. Immer neues und umfangreicheres Wissen nach dem Prinzip „Das große Fressen" in sich aufzunehmen. Immer neue Invasoren mit unergründlicheren Absichten. Mehr und mehr Geistesunrat. Wozu fragt er sich? Er ist satt.

Pallombini will nicht mehr. Pallombini macht nicht mehr mit! Pallombini ist ausgestiegen! Pallombini hat das Küchenmesser in der linken Hosentasche. Was auch passieren sollte: er ist ohne jede Absicht unterwegs. Wohin auch immer er sich begibt. Kein Grund für Zielstrebigkeit. Keine Eile mehr. Keine Absicht.

Pallombini ist zwecklos! Zwecklos durchwandert er die Räume seiner Wohnung, die Straßen und Plätze, die Orte, die ihn nicht brauchen, die auch er nicht weiter kennen will. Dort wo Pallombini gegenwärtig ist, ist er ohne Zweck. Ohne Wahrnehmung. Pallombini ist unterwegs zu sich selbst. Pallombini möchte so gern er selbst sein. Absichtslos! Zwecklos! Ziellos! Nur einzig er möchte er sein: Pallombini. Sonst nichts.

Gut, dass er im letzten Moment, bevor er seine Wohnung verließ, noch das Küchenmesser zu sich nahm. Das macht ihn viel sicherer. Pallombini wollte schon immer unabhängig und frei sein. Pallombini glaubt den süßlichen Duft der blühenden Linden zu spüren und den kühlen Stahl der Messerklinge. Er fühlt sich von Minute zu Minute besser. Nur nicht stehen bleiben, denkt er sich. Nicht zurückbleiben. Pallombini geht wie berauscht und durch die Häuserzeilen fliegen weit oben einige Pinguine lustige Figuren in den Himmel.

Der einzige all der gedachten Gedanken, der Pallombini zum weiter gehen treibt ist der: Wie viel wer muss er, Pallombini, Pallombini sein, um Pallombini zu sein?

Muss er denn überhaupt Pallombini sein und wenn nicht – was dann? Sollte er erreicht haben nur er selbst zu sein, ohne all die anderen. Kann er dann Palombini sein? Endlich Palombini sein!

Das Küchenmesser hat ihm unterdessen die Hose aufgeschlitzt. Unbemerkt gleitet es zu Boden. Gleichzeitig sickert ein wenig Rotes durch das Hosengewebe nach unten, wohin die Schwerkraft unermüdlich auch dieses Rote hindrängt: so, dass kleine Tropfenportionen bei jedem seiner Schritte den Gehweg beträufeln. Pallombini bemerkt nicht den Verlust des Rots. Der schwarzgraue Asphalt gleitet ohne Widerstand unter seinen Füßen, in immer das gleiche Hinterihm.

Pallombini hat die Augen geschlossen. Er hat genug vom Sehen. Seine Schritte sind wieder sanft und schleichend. Pallombini ist auf dem besten Weg. Er will nichts mehr hören, schmecken und fühlen - auch keine Schwerkraft spüren. Pallombini beginnt sich ganz, ganz langsam aufzulösen. Nur schemenhaft ahnt man noch etwas von ihm. Pallombini verschwindet in sich selbst. Nicht lange mehr, dann wird er vergangen sein.

Dann ist er endlich Palombini.

Den Führern gewidmet

Kolbenstange

Was malen sie denn für bilder?

Na meine eigenen!

Ja was sind denn das für bilder?

Ja was sollen denn das für bilder sein?

Sie haben doch sicher eine vorlage oder vielleicht eine landschaft zum vorbild oder wenigstens ein modell, dass an derben seilen nackig von der decke hängt. Oder?

Ich habe kein vorbild, das hier herumhängt. Plötzlich ist das bild da. Also kein vorbild. Warum sollte ich ein bild malen, wenn es schon da ist – und womöglich kennt es jeder schon? Das einzige „vorbild" bin ich selbst. Das ist schon schwierig genug mir ein bild abzuringen. Bevor mein bild fertig ist – falls es überhaupt fertig ist, wenn es fertig ist – kann es kein vorbild dieses bildes geben.

Irgendeiner stilrichtung müssen ihre bilder doch dann, wenn sie da sind zu zuordnen sein. Zum beispiel abstrakte malerei, realistische malerei, moderne – also zB. fauvismus, primitivismus, kubismus, futurismus, dadaismus, suprematismus, sozialer realismus, abstrakter expressionismus, konstruktivismus, spatialismo oder ähnliches.

Ja genau! Ich glaube solche bilder male ich.

Ach. Das ist ja sehr interessant.

Trotzdem möchte ich doch endlich wirklich gern wissen was für bilder das genau sind. Wie soll ich denn jemanden ihre bilder treffend beschreiben, wenn sie nicht einmal selbst was dazu sagen können?

Ich kann schon etwas dazu sagen.

Na! Also! Ich höre.

Soll ich ihnen jetzt mein leben beschreiben, dann wäre ich ein schriftsteller. Dazu fehlt mir die zeit und die sprache. Deshalb male ich ja bilder. Und wissen Sie: Ich bin nur ein ganz einfacher künstler, der malt.

Seien sie doch mal etwas entgegenkommend. Ein klitzekleiner hinweis. Oder wenigstens etwas ganz normales oder reißerisches.

Wie war doch gleich ihr name?

Häckerle.

Also schluß jetzt: Häckerle!

Ja wie soll ich denn wissen wie ihre kunstwerke einzuordnen sind, geschweige denn deren deutung und bedeutung! Keiner wird wissen woran er ist.

Verflucht noch mal! Schreiben sie doch was sie wollen. Sie Häckerle. Glücklicherweise ändern sich meine bilder deshalb nicht. Trotz dass sie mir hier derart auf die nerven gegangen sind. Noch ein freundschaftlicher tipp: Kaufen sie sich doch eine kolbenstange.

Wieso eine kolbenstange?

Das weiß ich doch auch nicht. Da müssen sie sich schon fragen, warum sie sich eine kolbenstange kaufen müssen.

Würden sie mir dann wenigsten sagen wo es kolbenstangen gibt.

Nein! Ich bin nur ein künstler, der bilder malt. Aber ich habe da hinten noch eine zolkgrumpe rumliegen. Nehmen sie die und hauen sie endlich ab

Pechfaden

Mein Großvater hatte eine Schusterwerkstadt mit einem Atelierfenster zum Hof. Auf dem Hof liefen tagsüber die Hühner und suchten.

Ihr Instrument war der Schnabel. Graue Italiener eben. Über ein schräges Brett an der Wand des Seitentraktes, das mit dünnen Leisten versehen war, konnten sie in Ihren Stall gelangen. Nachts wurde der mit einer verwitterten Holzklappe verschlossen.

Auf dem Hof waren noch Karnickelställe, verschiede Schuppen und die Sickergrube. Irgendwann gab´s auch Schweine. Früher. Die Ställe waren, soweit ich mich erinnern kann, jedoch immer leer.

Der Hof war mit grobem Pflaster und einem Lehmhaufen zum Ausbessern der Gebäude, die aus Lehm und Holz errichtet waren, bestückt.

Es gab noch einen zugeschütteten Brunnen. Vor dem alten Waschhaus. Im Schuppen standen mein Fahrrad und der hölzerne Handwagen, mit dem das Grünfutter und Heu für die Kaninchen geholt wurde. Auch eine Menge Zeug, das ehemals wichtig gewesen sein mochte – zum Beispiel Gießkannen.

Als die Garage für meines Vaters Sport-AWO noch nicht stand, konnte man durch den Garten, vorbei an dem violetten Flieder, bis zum Bienenhaus sehen. Dort standen alte, hohe Obstbäume. Birnen, Äpfel und Pflaumen. Eine Reihe rote, schwarze und gelbe Johannisbeeren, hinter denen die kleine Wiese lag, in der ich im Juni, wie in einem grünfarbigen Ozean, versinken konnte.

Die Schuster-Werkstadt war alt wie mein Großvater. Gern hätte ich seinen ersten Arbeitstag hier erlebt. Als alles noch neu war.

Zuversicht überall - vermutlich. Als Geruch frischer Farbe, von Holz und Lehm die klare Luft durchdrang und jeder auf seine eigene Art fröhlich und glücklich eine scheinbar ewige Zukunft erhoffte. Das musste sehr, sehr lange her gewesen sein.

Wenn ich in der Werkstadt sein durfte hatte mein Großvater immer zu tun. Es gab zwei Arbeitsplätze. Die befanden sich auf einem kniehohen Podest. Darunter und überall wo es ging lag Werkzeug und Material umher. Täckse, Sohlenkleber, Staub, Abrieb von Schweinsleder für Sohlen oder Porokrepp. Fadenreste, Schustermesser, Leisten, Hämmer. Pechklumpen, Nadeln, Raspeln und was eben ein Schuster so benötigt. An einer Wand befand sich das bis an die Decke reichende Regal mit den Leisten der Kunden für ihre Schuhe, die mein Großvater gefertigt hatte.

Sein Arbeitsplatz wer so ausgerichtet, dass er immer das Tageslicht von links hatte. So schien immer Licht auf das was er bearbeiten wollte. Ich saß dann am zweiten Arbeitsplatz, gegenüber von dem meines Großvaters. Ich hatte kaum Ahnung, von dem was zu tun war. Alles schien mir wie eine Expedition, hin in ein abenteuerliches fremdes Land und ich war der Schiffsjunge, hilflos auf die Hinweise meines Großvaters angewiesen. Doch es war ein tolles Gefühl, nur so zu tun, als ob man aus all dem Zeug dort etwas herstellen könnte, das irgendeinem Fremden an unbekannte Orte führt.

Kollbeck geht los

Es gibt immer wieder einen Grund, los zu gehen. Oder keinen. Das ist egal. Hauptsache man geht los. Eigentlich geht man ja gar nicht los. Man ist unterwegs – immer und ewig. Kollbeck jedenfalls ist unterwegs. Schon immer. Tag für Tag. Woche für Woche. Monat für Monat. Jahr für Jahr; und so weiter.

Heute scheint Winter zu sein, vermutet Kollbeck. Er trabt die linke, bordsteinseitige Kante des Gehweges entlang. Irgendetwas signalisiert ihm, dass Winter sein muss. Obwohl Jahreszeiten ihn so wenig interessieren wie das gewöhnliche, alltägliche Wetter. Wetter kommt in Kollbecks Gedanken nur als Fremdsignal vor. Ungefähr so: Na, Kollbeck! Heute ist ja wieder ein fürchterliches Mistwetter. Immer dann wird er etwas verlegen und beginnt im Verborgenen rasch nach seinem aktuellen Wettereindruck zu suchen. Meist erfolglos. Meist weiß er nichts von dem, was der Fragesteller jetzt hören möchte. Denn Kollbecks Wetter ist an und für sich immer ziemlich gut und demzufolge wundert er sich darüber, das Anderen der Eindruck entsteht, Wetter könnte schlecht sein. Kann denn Wetter schlecht sein? Oder gut? Was soll denn das Schlechte am Wetter ausmachen. Was soll denn die Welt zu so einem Tag mit schlechtem Wetter sagen? Die existiert ja trotzdem fröhlich vor sich hin. Oder ist sie vielleicht doch, des Wetters wegen, an diesem Tag durch und durch schlecht. Und was hat solches Wetter, wenn es schlecht sein sollte, denn mit meiner Befindlichkeit zu schaffen? Muss man denn schlecht zum

Wetter sein? Das gibt doch auch nur sein aller bestes. Die Welt braucht das Wetter. Wie es auch immer sein mag. Sie nimmt es hin. Oder hat man denn schon einmal zwei Wetter zueinander sagen hören: Also hör mal, die Menschen sind heute wieder dermaßen schlecht! Wetter ist Wetter und fertig!

Kollbeck nimmt seine rechte Hand und holt das Stück Würfelzucker aus der Hosentasche. Noch Körperwärme dran, stellt er fest. Scheinbar funktioniert sein Organismus hinreichend gut. Genügend Wärme im Inneren. Draußen, außerhalb seiner Kleidung, müssten jetzt so um die -27 °C sein. Das Würfelzuckerstück hat die typische eckige Form längst aufgegeben. Vom ständigen Hin und Her beim Marschieren, durch die feuchte Wärme, die zeitweise Anwesenheit verschiedenster Gegenstände im Inneren der Hosentasche und die permanente Schwerkraft, sind äußere Partikel verloren gegangen. Allgegenwärtiger Abrieb. Wie überall und an Allem. Partikel für Partikel entschwindet um irgendwann unverhofft als etwas ganz und gar Anderes wieder zu erscheinen. Insgesamt jedoch ist der Würfelzucker immer noch Würfelzucker: raues, kristallgefügtes Äußeres, diffuses, leicht angeschmutztes Weiß, fast ohne Gewicht und diese Aura verborgener Süße. Angenehm! Denkt Kollbeck. Angenehm jedenfalls, wenn die Hand aus Verlegenheit in die linke Hosentasche gleitet und dort etwas Vertrautes findet. So als träfe sie einen alten Bekannten. Jemanden, den man nicht erwartet, der längst verloren geglaubt, der gutmütig seine ganze Person opfern würde, dies jedoch nicht muss, da er ja nur seinen mystischen Nimbus bewahren und an jedermann freundlich verteilen möchte, der würfelzuckerhaftes Wohlergehen ohne irgendwelche Fragen, Forderung und Bemessung gern nach überall-hin sendet.

Itzpert Krätzling

Könnte sein, dass schlafen notwendig ist, denkt sich Itzpert Krätzling. Er weiß nicht, warum er das denkt. Warum denkt er übers Schlafen nach. Warum schlafen? Er weiß nicht, wieso er übers Schlafen nachdenken muss - woher auch. Er denkt einfach. Möglicherweise ist es jedoch gar nicht er, der denkt. Denn wer kann schon selbst Gedanken herstellen.

Itzperts Meinung ist die: Alles ist schon vorhanden. Besonders die Gedanken. Bis auf den allerletzten abwegigsten, sind diese vorhanden. Die Welt muss voll sein davon. Wie Atemluft, die man nicht sieht aber ständig benutzt – einsaugt und den nicht verbrauchten Rest wieder ausschleudert.

Alles, was die Welt ausmacht, existiert für immer und ewig. Als Gedanke sozusagen oder Information, was ja das gleiche ist. Die ganze Welt besteht aus Gedanken. Die, wie schon gesagt, sieht man natürlich nicht. Wie auch. Sonst könnte ja jeder die gleichen und alle möglichen Gedanken haben, sie jeder Willkür unterwerfen, auspressen und bei bester Gelegenheit wieder entsorgen. Jedenfalls sind sie da. Überall und überwo. Entgegen aller Vorhersagen, vermutet Itzpert sie auch innerhalb jeder beliebigen Singularität.

Also Information oder so – bedeutungsschwere Sinnhaftigkeiten.

Itzpert Krätzling weiß alles darüber. Er muss sie nur benutzen. Aufsammeln wie die Kartoffeln auf dem Feld und so weiter. Itzpert befindet sich längst jenseits des Ereignishorizonts. Alles verschmilzt. Wird eingesaugt und eingestampft. Nur glauben die meisten Menschen es sei anders oder finden diese Art des Sammelns zu mühselig.

Das alles interessiert Itzpert Krätzling jedoch schon lange nicht mehr. Vielleicht ist er selbst schon auf eine gewisse Weise eine Singularität geworden.

Wenn Itzpert Krätzling morgens die Augen öffnet liegt er ausgestreckt und nackt unter dem Tisch, der in der Mitte seiner Küche steht. Schöner kalter Fliesenboden. Immer meisterlich saubergepropert. Frischeduft und freundlicher Lichtschimmer gardinengefilterten Sonnenlichts.

Itzpert ist ein Blitzaufwacher. Nicht das er sofort emporschnellen würde. Nein. Das ganz und gar nicht. Aber seine Sinne. Seine Sinne sind sofort hellwach.

Ohne große Mühe durcheilen sie unendliche Universen, bevor sie immer wieder erbarmungslos bei Itzpert einschlagen. Gleich in aller Frühe, wenn in ihm das Licht angeht und seine Augen noch unter ihrer Lidhaut ruhen. Einzig der Körper, der scheint dem eines Faultiers ähnlich: permanenter Trägheit verpflichtet und mit einer Nahrungsmenge im Magen, der sein Körpergewicht deutlich übertrifft.

Ausgestreckt wie der Leidensmann am Kreuz, fällt es schwer, die Gliedmaßen für den Tag zu funktionalisieren. Irgendwann jedoch steht er völlig aufrecht und er ist froh das geschafft zu haben.

Krätzling wäscht sich, sucht sich einige Kleidungsstücke, schließt die Tür seines Kühlschranks und nimmt das Mobiltelefon aus dem Mund. Einmal am Tag lädt er es auf. Dann, nach einer Stunde, in der Itzpert

Pratyahara Yoga ausübt, legt er es wieder zurück an seinen Platz unter der Zunge.

Das Handy im Mund ist nicht das einzige, jedoch das wichtigste Handy, welches Itzpert Krätzling besitzt.

Dass er ein Mundmensch ist, war ihm von vornherein klar. Schon als Säugling verspürte er diesen ungeheuren Drang, alles mündlich zu nehmen. So empfindet

er das Handy in seinem Mund als normal, bemerkt dessen Anwesenheit nicht mehr und insgeheim bedauert er all die, die nicht auf diese ideale Art perfekt ihr Leben gestalten.

Zuerst wollte er nicht glauben, dass es möglich ist. Doch Not macht ja bekanntlich erfinderisch und Not herrscht immer. Wer denn sonst?

Wer kann denn, wenn nicht die Not, der Herrscher sein. Hin und wieder scheint es Überfluss zu geben, vielleicht auch Ausgewogenheit: Aber das sind ja eben schon Situationen größter Not. Wird nur von den meisten viel zu spät bemerkt. Itzpert benötigt nicht solches Kalkül. Itzpert Krätzling geht es prächtig. Itzpert hat alles was er braucht. Einfach alles. Er hat das Handy im Mund und damit alles im Griff. Einfach alles.

Der Elch auf der Terrasse

Man sitzt auf der Terrasse und wartet. Im alten Gras der Wiese lacht der letzte Löwenzahn. Die drei Nornen spielen im Gezeitensand.

Man wartet. Worauf - man weiß es nicht so recht. Ja, worauf wartet man denn?

Doch auch warten kann sehr angenehm sein. Besonders beim unabsichtlichen Warten weiß man oft nicht, dass es Warten ist, was man da tut. Die drei Nornen spielen im Gezeitensand.

So wartet man eben und wartet und wartet und wartet. Und irgendwann, sieht man sich selbst auf sich zukommen. Gemächlichen Schrittes. Sehr gemächlich, ähnlich dem Schlendern des tätowierten Blauwahls. Wieso Blauwahl(?), fragt man sich sofort! Jedoch zu spät. Der Blauwahl hat schon den Eingang zur Küche gefunden. Dort streift er mühsam seinen Norwegerpullover ab und bereitet sich ein tiefgefrorenes Hühnerfrikassee in der Mikrowelle. Dazu holt er noch ein kleines Glas Rotebeetekugeln aus dem Waffenschrank im Schlafzimmer und eine große Rolle Tageszeit, zum Abwischen.

Na ja.

Auf der Terrasse sitzt man gar nicht so schlecht. Man sieht sich zu und der kleine Schnee vom Himmel schwebt besinnlich sanft. Liegt dann als dünne, hingehauchte Watte gelangweilt umher.

Der Blauwahl kommt zurück aus der Küche. Das lange, scharfe Messer am Koppel, singt er das Lied der Stillen Nacht. Genau so geht das!

Ach. Wie niedlich. Diese Blauwahle. So denkt man sich's als Terrassenbenutzer. Man sieht sich sehr ruhig noch kurze Zeit zu und die Schneeflocken glitzern fröhlich. Dann, bevor es zu spät ist, ruft man schnell noch hinter sich her: Hallo Wolfgang, liebe Grüße an den Blauwahl! Vergiss Dich bitte nicht.

Aber da kommt schon ein Breitmaulnashorn die breite Terrassentreppe heraufgeschlendert. Stellt seine kleine Krippe vor uns auf und legt die Gaben hinein: Pfeffernuss, Äpfelchen, Mandel, Korinth. Oh ja, die Pfeffernüsse!

Das Breitmaulnashorn, welches sehr weiß ist, schüttelt sich die kleinen, frostigen Schneeflocken aus dem Fell seiner Schafwollweste. Im Geäst der uralten Esche Ygdrasil schwirren die kleinen, nackten Engelein. Ihre behutsamen Flügelschläge duften nach Marzipan und Kognak und ihre leisen Lieder versinken im Gehör.

So vergeht die Terrassenzeit, unbeachtet in ihr winziges Nichts hinein.

Bevor wir uns verabschieden, zerbeiße ich noch rasch eine Pfeffernuss. Das Breitmaulnashorn wiehert sich Vorfreude zu. Die Engel scharen sich an seiner Seele. Die kleinen Flocken ruhen sanft miteinander. Nur der Blauwahl wahlt schon längst die Dinge, die da kommen. Er sitzt bei sich zu Hause und wetzt sein Messer.

Das Breitmaulnashorn ist wie verrückt nach Pfeffernüssen. In der Nähe treiben sich Nussknacker herum, die immer einige Pfeffernüsse bei sich tragen. Deshalb auch die Hinweisschilder: Vorsicht freilaufende Nussknacker! Jedoch nimmt keiner diesen Tipp ernst. Denn nur wenige wissen es: Auch Nussknacker können sehr gefährlich sein.

Schon liegen ihre verrosteten Pickelhauben im wattigen Schnee. Eine kleine, weißliche Kerze flackert sacht in ihrem Ständer. Dem schlanken, zarten Elfenleib rieselt ein mildes Licht aus. Überall duftet es jetzt nach Marzipan – und natürlich Kognak. Doch schon ist es wieder wie so oft. Man sitzt auf der Terrasse und wartet. Worauf weiß man nicht so recht. Vielleicht auf einer Terrasse? Aber möglicherweise auch auf den Fimbulwinter. So wie es die Elche tun könnten. Vielleicht wartet man als Elch und weiß nichts davon. Weiß nicht, dass man ein Elch ist. Sitzt, wartet und alle die vorbei kommen sagen zu sich: „Schau nur, dieser Elch. Bestimmt wartet er auf den Fimbulwinter."

Das seltsame Leben der Hamster

Der Hamster ist ein schlimmer Schädling. Wie sein Name schon sagt. Er sammelt Körner, die der Mensch zum eigenen Verzehr auf Feldern sich wachsen lässt. Der Hamster wohnt im Untergrund. Dort legt er große Vorräte an. Als Kind durfte ich einmal zur Hamsterjagd gehen. Der Jäger und ich waren den ganzen Tag unterwegs. Früh am Morgen wurden die über Nacht oder länger in den Eingängen der Hamsterbehausungen befindlichen Fallen inspiziert. Die toten Hamster warf der Hamsterjäger in einen Ledersack. Der hing ihm am alten Armeekoppel. Nachmittags gruben wir dann einige Hamsterbaue aus. Der Körner wegen. War der Hamster zu Hause, ist er meist sehr zornig geworden. Ich glaube er wusste nicht, dass die Körner Volkseigentum waren. (Also allen gehörten.) In die hinterste Enge seines Baus getrieben, konnte der Hamster saugefährlich sein. Er sprang zähnefletschend auf uns zu. Er wollte uns totbeißen. Das wussten wir jedoch bereits. Der Hamsterjäger beherrschte eine ausgefeilte Technik, die sicherstellte ihn mit dem Spaten zu erschlagen. Er kannte schon alle Tricks. Der so erlegte Hamster kam ebenfalls in den Ledersack. Die Hamster-Körner waren sehr ordentlich gelagert. In separaten Vorratshöhlen. Die Körner nahmen wir natürlich auch mit. Abends und morgens bekamen die Hühner ihren Teil davon. Denen war es eigentlich gleichgültig, ob der Hamster die schon mal in seinen Backentaschen hatte.

Die Hühner sind immer sehr fröhliche, gesprächige Gesellen gewesen, und bedankten sich regelmäßig: sie lieferten uns Eier, Hühnersuppe und gelegentlich auch mal einen Braten.

Aus Hamsterfellen konnte man gute Bekleidung herstellen. Ich hatte damals einen Muff, der innen mit Hamsterfell versehen war. Bei großer Kälte fühlten sich meine Hände im Innern dieser behaglichen kleinen Höhle sehr wohl.

Hamsterleber und Hamsterfleisch wurden auch ganz gern verzehrt. Ich beteiligte mich nie daran. Als ich Jahre später per Fahrrad von Magdeburg Richtung Staßfurt unterwegs war, sah ich tausende breitgefahrener Hamster auf dem schwarzen Straßenasphalt. Aus der Farbe der Fellreste ließ sich sofort der richtige Schluss ziehen. Ich grübele heute manchmal noch darüber nach, warum sich so viele Hamster vor die vorbeirasenden Fahrzeuge warfen. Ich sah keinen Hamster am Straßenrand. Ich war tags unterwegs. Die Überbleibsel ausgespuckter Kaugummis in den Fußgängerzonen großer Städte erinnern mich oft an diese Fahrradreise.

Seit damals bin ich keinem Hamster mehr begegnet. Ich glaube, sie würden mich auch nicht wiedererkennen.

Francis Macomber steht auf, wischt sich das Blut vom Gehirn, wirft seine Springfield ins Korn und reitet auf dem schwarzen Büffel Richtung Südpol. Seine Frau Margarete reitet ihm auf Robert Wilson hinterher – doch nach 113 Metern macht der schlapp.

Am Pol trifft sich Macomber mit Roald Amundsen, der soeben aus einer 113 Meter hohen Schneewehe kriecht. In dieser hat er die letzten Jahre verbracht und auf Peary gewartet.

Sie essen je ein Stück Ritter Sport. Den Rest der Tafel versteckt Amundsen hinter einem kleinen Schneemann. Der freut sich mächtig und reibt sich seine kleine Möhre.

Als Arved Fuchs verbeitrottet, winken sie ihm mit ihrem Taschentuch.

Das Taschentuch hat die Größe eines Bettlakens. Darauf ein Nacktfoto von der Frau des Jeti Mollensack. Sofort beginnt A. Fuchs zu weinen. Denn: Reinhold Messner wankt schwerschrittig heran. Er hat den Todestag seines Bruders vergessen und ist deswegen unterwegs zum Nanga Parbat, um ihn zu besuchen.

Plötzlich bemerkt Amundsen, dass überall um sie herum kleine Pinguine durch den 3 m tiefen Schnee mümmeln. Keiner der Vier kann sich erklären warum.

In einer Schneekuhle, windgeschützt, sitzt der Sarotti Mohr und bemelkt eine Schneekuh - damit ihr das Euter nicht gefriert. Er weiß über alles Bescheid.

Von fern kommt ein Wasserbüffel mit seinem leeren Trinkrucksack angeschlendert. Ihm wächst langsam ein weißes Fell über die Ohren.

Amundsen treibt alle zur Eile an. Denn: Umberto Nobile erwartet ihn am Roten Zelt.

So ein Zufall! Da kommt Salomon August Andree mit seinem „Örnen" angeflogen und wirft die Strickleiter herunter. Alle steigen ein. Denn: Sie stehen mächtig unter Druck.

Der Büffel bleibt als Denkmal zurück (sein enormes Gemächt ist schon im ewigen Eis festgefroren). Die Schneekuh geht rodeln. Sie hat ihren Hörnerschlitten dabei!

„Örnen" treibt in rasanter Fahrt Richtung „Rotem Zelt". Am Mittag fangen sie sich einige Fliegende Fische, die sie aus der Hand in den Mund verspeisen.

Über Kenia wirft Macomber Amundsens abgegriffenen Eispickel über Bord. Wir wissen natürlich warum. Jedoch: Dort unten reitet, unbeeindruckt von den Wirren der Welt, seine Frau Margarete. Der Eispickel verfehlt sie leider knapp.

Am Roten Zelt angekommen steigen Macomber und Amundsen rasch aus und beginnen wie verrückt nach Nobile zu suchen. Arwed Fuchs sucht seine Zahnstocher. Scheinbar hat Messner sie ihm geklaut.

In sehr kurzer Zeit haben Amundsen und Macomber ein 113 m tiefes Loch gegraben. Mit ihren bloßen Händen. Doch keine Spur von Nobile. Nur das geräuschlose leise Brummen eines Atom U-Bootes klingt aus der Tiefe.

Andree beginnt zappelig zu werden. Er muss sofort weiter. Denn: Fraenkel und Strindberg langweilen sich in ihrem Unterstand in Vitö. Sie warten geduldig auf Andree, essen frische Eisbärenleber und drohen gemeinsam abzukratzen. Amundsen schenkt ihm zum Abschied einen Brathering in seinem eigenen Saft.

Nobile bleibt verschwunden. Alle Anwesenden rufen nach ihm. Wie am Spieß. Doch zwecklos. Biaggi funkt sich die Finger weg. Einzig die kleinen Schneewürmer strecken ihre Schwänze aus dem Eis und wedeln - freudig vor Erwartung.

Da! Plötzlich verendet Macomber. Lautlos schwebt seine Seele mit einem herrlichen Nordlicht Richtung Mittelpunkt des Universums.

Nur Biaggi sitzt verstört im Roten Zelt und funkt ohne dass ein Ende abzusehen ist. Die kleinen Schneewürmer freuen sich und wedeln und wedeln und wedeln und so weiter.

Und als die Latham 47 startet verschwindet auch Amundsen von der Bildfläche. Auf nimmer Wiedersehen.

In einiger Entfernung zieht ein Rentiergespann durch die Polarnacht. Im Cockpit Santa Claus. Mit Sack, Rute und großer Coca-Cola Flasche. Es ist Rum Cola. Er brummelt eine weihnachtliche Melodie, lächelt verschmitzt und die Rentiere büffeln Richtung Festland.

Im Hintergrund stehen Harry Haller und Gregor Samsa. Sie reden sehr gedämpft miteinander. Damit möglichst niemand es hören kann.

Doch einige Wortfetzen verirren sich ins Gehör: …
„Die meisten Menschen wollen nicht eher schwimmen,
als bis sie es können. Ist das nicht witzig?" …

Sie beobachten wie ein Klumpen dunkle Materie
von einem Schwarzen Loch verschlungen wird.
Ihnen wird wehmütig und warm ums kleine Herz.

Zierbatz Horneichler

Zierbatz Horneichler hat keine Wahl. Jeder seiner Tage verläuft sich wie frischer Honig auf der Marmorstatue der Göttin Wissenschaft auf Ottaviano Fabrizio Mossottis Grab im Camposanto Monumentale in Pisa.

Wofür sollte er sich auch entscheiden. Alles ist schon festgelegt. Als gäbe es nur ihn selbst als Maß aller Dinge.

Die Nächte verbringt er durch intensive Abwesenheit. In einem kleinen, dunklen Raum neben dem Bett seiner schlafenden Frau. Kein Traum, den er jemals geträumt hätte. Wozu auch. Er schließt nach Sonnenuntergang die Augen und bei Sonnenaufgang öffnet Horneichler sie wieder. Manchmal onaniert er, leise und vorsichtig vor sich hin. Aber das ist auch schon alles. Seit ewigen Zeiten tut er das so – mit gleichbleibendem Erfolg. Er ist abwesend. Nicht auf dieser Welt.

Erst am Morgen ersteht er wieder auf. Morgens nimmt er den buschigen Schwanz und geht aus dem Haus. Das hat er schon immer auf die gleiche Art und Weise getan. Horneichler muss nicht überlegen. Was zu tun ist tut er. Immer und immer wieder. Gedankenlos. Worüber sollte er auch nachdenken. Und überhaupt: Nachdenken? Was könnte das sein? Nachdenken. Dann müsste es ja auch vordenken geben. Dabei ist ja längst bekannt, dass es nur Gegenwart gibt. Kein Gestern, kein Morgen und so weiter. Ein Schritt gemacht und fertig. Davor war dieser nicht vorhanden und danach ist er verschwunden. Zu Nichts geworden, wie er vorher nicht gewesen ist.

Solche Gedanken macht sich Zierbatz eigentlich nicht. Nicht mehr. Vielleicht war das früher alles ganz anders. Doch das hat er längst vergessen. Was Horneichler tut das tut er und Schluss.

Manch einer kennt sich aus dem Spiegel beim morgendlichen Putzen der Zähne und Kämmen der Haare. Schätzt sein aktuelles Alter und verschafft sich einen Eindruck seines Aussehens und ob die passende Kleidung den Körper umhüllt. Man kalkuliert die Wirkung auf fremde oder bekannte Menschen, denen man im Verlauf des Tages begegnen kann oder muss. Bloß nicht bedeutungslos sein. Immer frisch, freundlich und zuversichtlich. Und immer den Bauchnabel ordentlich geputzt! All das entfällt für Zierbatz Horneichler. Er tut was er tun muss. Jeden Tag. Ihm bleibt nur: Seinen Schwanz zu nehmen und das Haus verlassen. Oh ja. Dieser Schwanz. Ohne diesen Schwanz wäre das alles nicht machbar. Bedeutungslos sein ganzes Leben. Den kleinsten Schritt würde er sich nicht zutrauen. Einzig seine Anwesenheit macht alles möglich. Dieser Schwanz. Gibt allem eine Bestimmung, einen Sinn und Bedeutung. Horneichler fällt keinem auf. Ein ganz normaler Typ. Denkt der, der ihn zufällig sieht. Keine Auffälligkeiten. Nichts was als Erinnerung zurückbleibt, wenn er an jemandem vorbei gegangen ist. Er erscheint und schon ist er wieder vergangen. Wie es sein muss. Was bleibt ist immer irgendetwas anderes. Nicht Horneichler. Nicht das was er war. Nicht das was sein wird. Wie Horneichler eben. Horneichler und natürlich dieser riesige buschige Schwanz. Verpackt in den alten vergilbten Bergsteigerrucksack.

Fast, dass er es nicht bemerkt, fühlt seine Hand nach der uralten, vertrockneten Kastanie in der linken Außentasche seines M-65 Parka. Die liegt dort im schiefergrünen Dämmerlicht, einsam und wie überflüssig. Erst dann, wenn Horneichler irgendwann verenden sollte beginnt deren große Zeit. Die Zeit einer Kastanie, die geduldig wartete. Als sei warten ihre eigentliche Bestimmung. Dann beginnt ihre große Zeit. Dann aber wird Zierbatz Horneichler zerfallen. Er wird verrotten und verwesen und dieser unscheinbaren Kastanie sein Wesen hinhalten. Er wird sie keimen lassen. Wird ihr alles hingeben und niemand wird später wissen, dass in diesem gewaltigen Kastanienbaum Horneichler steckt. Horneichler hat nach kurzem Weg das Gebirge erreicht. Die eisigen Gipfel zerfließen im fahlen Licht diffuser weißer Wolkenschwaden. Einzelne prägnante Grate tauchen, schwärzlich gezeichnet, vor ihm auf. Er muss hier nach keinem Pfad suchen. Hier ist Horneichler wirklich zuhause. Hier oben im tödlichen Reigen der Achttausender. Irgendwann hatte Horneichler diese Idee. Im hintersten Winkel seines abgelegenen Grundstücks, dort wo ein Dickicht aus Nadel- und Laubbäumen die Sicht von außen abschirmt, schuf er sich eine Hochgebirgslandschaft. Nicht irgendeine. Nein. Die Hochgebirgslandschaft schlechthin. Auf einer zehnmal zehn Meter großen Fläche stehen alle vierzehn Achttausender. Mount Everest, K2, Kangchendzönga, Lhotse, Makalu, Cho Oyu, Dhaulagiri I, Manaslu, Nanga Parbat, Annapurna I, Hidden Peak, Broad Peak, Gasherbrum II und Shishapangma. So kann er jeden Tag und ohne Sauerstoff auf jedem der unheimlichen Gipfel sein mysteriöses Ritual zelebrieren. Kein Basislager, keine Sherpas, keine mühselige Trekkingreise, keine Todesangst, kein Pervitin und so weiter. Einzig: Rauf auf den Berg und den Schwanz raus.

Vom sich endlos wiederholenden Streicheln müsste der schon längst all seine seidigen Haare verloren haben. Oder aber vom ein- und ausrollen, wegen der Enge im Rucksack, gelitten haben. Doch wie am ersten Tag an dem Horneichler ihn nacheinander auf die vierzehn Gipfel trug, besitzt dieser Schwanz seine beeindruckende Frische. Buschig, glänzend und mit einer Aura der größten Verheißung. Zierbatz Horneichler weiß genau, wessen Schwanz er da mit sich trägt. Es ist der Schwanz eines Einhorns. Eines sehr besonderen und seltenen Einhorns. Eines Einhorns der Unterfamilie von Einhörnern, die bei Berührung seines Horns durch eine Jungfrau, denn nur diesen nähert es sich vertrauensvoll, seinen Schwanz abwirft. Wie er zu ihm kam und seit wann in seinem Besitz er ist – wer weiß. Möglich, dass er aus dem Nachlas seiner Mutter stammt. Horneichler interessiert das nicht. Das hat nichts mit seiner Mission zu schaffen. Während er den Gipfel des Lhotse erreicht hat, sickert doch Sonnenlicht in spärlichen Portionen durch den Dunstschleier. Horneichler sitzt wie verloren auf seinem Melkschemel und streichelt sich den Einhornschwanz. Bedächtig und liebevoll. Jedoch nichts passiert. Von den gegenüberliegenden Bergen ist kaum etwas zu sehen. Einzig die Ahnung unheimlicher Leere strahlt herüber.

Zonkwesel wartet nicht

Hinter Großbreitenbach fasst Zonkwesel in die linke Hosentasche. Die ist leer. Auch in den anderen Taschen findet er kein Taschentuch. Mist, denkt er und rotzt zwischen Daumen und Zeigefinger hindurch in den Schneewall am Straßenrand. Diese Kälte. Diese Kälte, denkt Zonkwesel, fördert den Nachschub von Nasenschleim enorm. Nach drei Minuten muss er erneut rotzen. Drei Stunden ist er jetzt unterwegs. Manchmal fährt ein Auto vorbei.

Alles ist weiß. Die Straße, der Himmel, die Landschaft - die ganze Welt. Nur Zonkwesel geht, mit immer gleicher Schrittfolge, in seiner abgelederten Kutte, den schwarzen Armeestiefeln, der grauen Wattehose und dem Bergsteiger-Rucksack auf dem Rücken, als eine Art dunkelgrauer Eisbär, den Straßenrand entlang. Er hat Zeit. Wie viel – weiß er nicht. Er weiß nur, dass er ankommen wird. Das genügt ihm. Er wird pünktlich sein. Mehr muss man nicht wissen, wenn man, wie Zonkwesel, unterwegs sein muss. Bringt auch nichts. Sobald man losgegangen ist, gilt es sich voran zu arbeiten. Dem vorgefassten Konzept folgen. Wichtig: Zum richtigen Zeitpunkt da zu sein. Dort am vorausbestimmten Ort. Mehr nicht.

Allein das ständige Rotzen gefällt Zonkwesel ganz und gar nicht. Wieso nur hat er kein Taschentuch mitgenommen? Alles hat er bedacht und präzise geplant. Selbst die kleine Folientüte mit den drei Sonnenblumenkernen, die uralte bunte Glasmurmel und eine total vertrocknete Kastanie, als Inhalt der linken

Hosentasche. Einzig Taschentücher - Taschentücher hat er nicht dabei. Kein einziges Taschentuch trägt Zonkwesel bei sich. Die hatten sich davongeschlichen. Die ließen sich nicht bedenken. Die befanden sich nicht in seinen Berechnungen. Eine Leerstelle in Zonkwesels Kalkül!

Kurz vor Oelze hat Zonkwesel eine Idee. Na klar, denkt er. In Katzhütte muss doch eine Apotheke sein. Na klar. Dort könnte er sich mit einigen Päckchen Zellstofftaschentüchern eindecken.

Fünf Kilometer längerer Weg, schätzt Zonkwesel. Ein Katzenhupf für ihn. Was sollte er auch verfrüht ankommen müssen. Er fühlt sich bestens. Er merkt nicht, dass er geht. Gehen funktioniert scheinbar von selbst. Das erledigt etwas in ihm ohne viel Wenn und Aber. Sein Gehen muss Zonkwesel nicht kontrollieren.

Der Tag langweilt sich in eisig nebliger Behäbigkeit. Die Geschwindigkeit ist da schon etwas Anderes, eine Art Schraubzwinge um alles. Aber Zonkwesel glaubt, dass er auch Geschwindigkeit ausreichend zur Verfügung hat. Zonkwesel besitzt meist noch eine Reserve. Eine Reserve von den Dingen und Fähigkeiten, die ihm wichtig erscheinen.

Schneller werden ist da ziemlich leicht, sollte die Zeit knapp werden. Noch hat er auch genügend Zeit.

Zonkwesel spürt, wie er sich die vereisten, menschenleeren Straßen entlang bewegt. Der Himmel milchgrau wie alles um ihn.

Der Nasenschleim ist lästig. Zonkwesel ist sehr daran gewöhnt, ihn gut verpackt einige Zeit bei sich zu tragen. Ohne entsprechendes Material ist Zonkwesel etwas hilflos. Den Nasenschleim ordentlich verpacken!

Das beschäftigt ihn. Dies wird ihm zum einzig wichtigen Thema. Das lohnt den Aufwand. Ein zusätzliches Abenteuer. Endlich den Rotz ordentlich beseitigen und verpacken. Das kann Aufwand im edelsten Sinn sein, wenn man sich auf einer so wichtigen Mission begleiten und erleben darf: Zellstofftaschentücher einem wildfremden Apotheker abkaufen. Hier mitten in Thüringen.

Zonkwesel durchschreitet den vereisten, blassgrauen und hohläugigen Wintertag. Zonkwesel wird ein Päckchen Zellstofftaschentücher besitzen. Oder auch zwei? Zwischen Großbreitenbach, Oelze und Katzhütte und dann weiter die alte Fahrstraße Richtung Sachsenbrunn und dann nicht mehr an den Straßenrand rotzen müssen.

Zonkwesel ist guter Dinge. Er sucht sich ein Lied aus den Erinnerungen und nachdem er in Oelze links abgebogen ist, fühlt er sich auf dem richtigen Weg. Nach links, Richtung Katzhütte. Es ist Dienstag. Dienstags ist die Welt mit sich selbst beschäftigt. Ein Dienstag im Winter. Oder Umgekehrt. Ganz egal. Keiner braucht ihn, Zonkwesel - so scheint es.

An diesem Dienstag. Fast leer, scheinbar ohne Inhalt ist die Straße, die Häuser, die Orte aus Straßenhäusern. Zonkwesel wird nicht bemerkt. Von wem auch? So wie er den Straßenrand entlang trottet, könnte auch Mittwoch sein, dann wäre ebenfalls niemand da. Es scheint als dieser Tag gar kein Tag wäre. Ein bloßer, eintöniger, ständiger Moment. Oder eben gar kein Tag, ein zeitloser Zustand.

Ändert alles nichts daran. Taschentücher müssen her.

Auf seiner verschneiten Bank, gleich neben der Kirche, sitzt Martin Heidegger. Er denkt. Heidegger denkt. Denkt sich eine Frage. Denn: Ohne Frage keine weitere Frage und ohne weitere Frage keine weitere Frage. So geht das Sein und mündet in Sprache als Haus des Seins.

Als Zonkwesel an ihm vorüberpilgert, lächelt Heidegger genüsslich und still vor sich hin. Plötzlich ruft er zu Zonkwesel herüber: He, Zonkwesel, hast du eine Frage dabei?

Was soll das, denkt sich Zonkwesel. Fragen stellen sich um Fragen gestellt zu bekommen! Zonkwesel hat keine Fragen. Zonkwesel hat nur Antworten. Alle Fragen hat er sich schon gestellt bekommen. Irgendwann gibt es dann nur noch Antworten und Zonkwesel ist randvoll davon. So merkt er nicht, dass hinter ihm eine kleine Bedeutung in den wattigen Schnee dumpft. Er rotzt kurz und setzt seinen Weg ohne sonstige Reaktion fort.

Von vorn kommt ihm auf der gegenüberliegenden Straßenseite Wittgenstein entgegen: dunkler langer Mantel, mausgrauer Schal, ohne Handschuhe und mit dieser abgewetzten Karnickel-Pelzmütze auf dem Kopf. Er zwinkert Zonkwesel zu, ohne Bedeutung und verschwindet in einer Seitenstraße.

Hauptsache, die Apotheke hat geöffnet, denkt Zonkwesel. Aber was soll`s. Wenn zu ist, ist eben zu. Wer geht hier schon mittentags in einen Laden? Wer benötigt an solchem Tag, hier in dieser scheinbar verlassenen Gegend, Apothekerhilfe?

Wenn zu ist. Wenn zu ist - denkt Zonkwesel - dann muss ich eben weiter den bissigen Nasenschleim per Fingertechnik entsorgen.

Zonkwesel wird es trotzdem versuchen. Zonkwesel versucht immer was er kann. Denn der Versuch ist wichtig. Der Glaube an das, was nie zu erreichen sein wird, dient einzig als Antrieb. Glaube muss auch sein. Ohne Glaube kein Leben! Der Glaube ist heilig! Der Versuch jedoch ist der Höhepunkt. Die Entscheidung und dann der Versuch. Entscheidend ist der ganz persönliche Entschluss zu handeln. Den kostet er voll aus. Das Ergebnis? Das Ergebnis ist so oder so, immer etwas ganz Anderes. Vorerst total egal. Unbedeutend. Zonkwesel ist ein Versucher!

Zonkwesel handelt. Wie jeder, der einen Weg als Erster beschreitet. Wie jeder Stellvertreter. Wie jeder, hinter dem alle anderen zurückbleiben sollten. Der als Erster irgendwo hin muss. Zonkwesel zieht durch und wenn es nur die Zellstofftaschentücher sind: Tu es selbst, tu es sofort, hör nie auf damit!

Zonkwesel muss weiter. Zonkwesel hört schon nicht mehr, wie Heidegger verschmitzt hinter ihm her lacht. Es ist Dienstag.

Fliegen ist wie Holz hacken – Wenn man fertig ist, fällt
man tot um

Morgatz steht mit schlaff hängenden Armen und
schaut nach oben.
Die Axt in seiner linken Hand pendelt im Rhythmus
der Schritte hin und her.
Es ist Donnerstag. Durch die Wolken sickert winterli-
ches Sonnenlicht. Selbst mit weit geöffneten Augen
fällt es schwer die Richtung zu finden.
Morgatz starrt nach oben. Aber nichts geschieht.
Lautlos, wie abgerissene kleine Engelsflügel, fallen
Schneeflocken. Ab und an schwebt eine einsame
Schneeflocke an seinem Gesicht vorbei und Morgatz
meint zu sehen, wie die äußeren Kristallspitzen zu
schmelzen beginnen. Dann jedoch, auf dem Weg nach
unter, zu winzigen Perlen erstarren.

Morgatz haut die Axt mit voller Wucht in den Klotz.
So gekonnt, daß er selbst sie wahrscheinlich nie wieder
herauslösen könnte.

Zwei, drei Schneeflocken lassen sich auf dem glän-
zenden Metall der Axt nieder und zerfallen zu etwas
Feuchtigkeit, die rasch als unsichtbarer Hauch ent-
schwindet. Er spuckt aus und stöhnt wie erleichtert.
Er senkt seinen Blick und geht zum Wohnhaus.
Als Morgatz an den alten Ställen vorüber kommt,
bemerkt er rechts neben der verwitterten Stalltür den
eisernen Ring. Einige Zentimeter über dem Boden. Tief
und unlösbar im Gefüge der Mauer verankert. Genau
dort wo das zu schlachtende Schwein, mit einem

derben, kurzen Strick, so angebunden wurde, dass es, auf seinem Hinterteil sitzend, ohne Schwierigkeiten durch den Schlachter mit dem Bolzenschussgerät niedergestreckt werden konnte.

Warum es bis zu jenem kurzen, pistolenschussähnlichen Knall wie irrsinnig schrie, kann sich Morgatz bis heute nicht erklären. Wer schreit schon so, wenn vertraute Menschen ihn aus seiner Wohnung führen.

Morgatz schlurft durch die zierlichen Kristalle am Boden.

Plötzlich besinnt er sich, wo das Schweineseil vermutlich liegen muss. Er geht in die Scheune und steigt die ausgetretenen Eichenbohlen nach oben, zu der in einer hinteren Ecke stehenden, verstaubten Seemannskiste.

Zwischen allerlei fein säuberlich verschnürtem Zeug findet er das Seil. Sieht vom häufigen Gebrauch speckig aus, denkt er. Ist aber ohne Makel. Nur eben die Gebrauchsspuren, durch die mistigen Hinterhaxen und schmierigen Bauerfinger.

Morgatz ist in Gedanken schon wieder auf dem Weg nach unten.

Da durchfährt es ihn wie starke Elektrizität! Selbst die Zungenspitze wird ihm ein klein wenig taub. So wie damals als er den neuen Elektroherd anschließen wollte und irgendjemand die Sicherung schon eingeschaltet hatte. Da lag er eine halbe Minute KO in der Küchenecke.

Jetzt fiel sein Blick auf ganz und gar verloren geglaubtes. Hinter dieser verstaubten Kiste lugte etwas schrillgelbes zu ihm her. So ein Gelb, welches damals der Gleitschirmrucksack seines P 21 verstrahlte.

Na klar. Da lag das gute alte Stück. Schlaff und vergessen von der Welt. Endlose Sommer und Winter. Nur in der Lage das Kommen und Gehen etlicher Heuernten zu erleben.

Morgatz schiebt die Kiste weg. Klopft den Staub vom Packsack und mit gekonntem Schwung hängt der über seiner linken Schulter. Irgendwoher aus seiner Magengegend kribbelt es nach oben und, ohne dass er sich dessen bewusst wird, nistet ein heiteres und mildes Lächeln in seinem Gesicht.

Mensch! Denk er sich. Dass mir der nochmal über den Weg laufen würde. Das hätte ich nie und niemals gedacht.

Er vergisst den Schweinestrick um seinen Hals. Von fern her glaubt er sogar seinen alten Lieblingssong zu hören: The Clash, „Should I Stay or Should I Go!

Morgatz sucht sich den nächst besten freien Balken der Scheune und befestigt die Kappe des Schirms so, dass er unten auf eine hochkant gestellte Kiste steigend, ohne weiteres in das Modular-Gurtzeug einsteigen kann. Sogar seine Rettung hängt treu und brav wo sie hingehört. Er streift sich die Fliegerlederkappe über. Setzt sich die Fliegerbrille auf und streift die braunen Lederhandschuhe über.

„Mensch Morgatz"! Sagt er sich laut. Du alte Knalltüte. Das waren Dinger, die du damals rausgelassen hast.

Alle staunten, wenn er, der Erste in der Luft und der Letzte am Boden, seine Acro-Show abspulte. Also los geht's.

Er haut sich in eine Linkskurve, dann rechts und geradeaus. Mensch. Klappt ja sofort, die Acht. Wäre ja gelacht. Also gleich ´ne Spirale hinterher gedröhnt.

Uff! Die Ausleitung. Mist. Nicht nachgedrückt. Morgatz pendelt deutlich durch.

Klapper links. Er versucht gekonnt zu stabilisieren. Aber da haut's auf der linken Seite die A-Leinen weg. Ewig kein Check. Die Leinen sind marodes Zeug geworden: Denkt er noch kurz bevor er mit der Schläfe auf den Futternapf des alten Schäferhundes aufschlägt.

Wer auf die Idee kam den Hund Stalin zu nennen, ist unbekannt. Stalin kommt verschlafen aus seiner Lieblingsstelle im Heu. Er sieht Morgatz da liegen und macht sich freudig daran, ihm das Gesicht zu lecken. Aber Morgatz bleibt ruhig liegen, mit gebrochener Halswirbelsäule und einem winzigen Blutrinnsaal, im Futternapf.

„He! He! Morgatz!"
Morgatz, hört eine ferne Stimme.
„Morgatz, scher Dich endlich aus dem Bett."

Sie nimmt den klatschnassen Scheuerlappen, den Sie ihm vom Badezimmer her aufs Gesicht geschleudert hatte, wieder weg.

„Unten ist der Frühstückstisch gedeckt. Heute wird ein Hammerflugtag. Den musst Du nutzen. Das Holz kannst Du fertig hacken, nachdem wir gefrühstückt haben. Könntest Du noch rasch Stalin sein Futter bringen.

Ich komme dann Nachmittag zur Gruberstube.

Hals- und Beinbruch wünsche ich Dir lieber nicht –
man weiß ja nie."

Altersbach/Thüringen, im Juni 2008

Erstmals gelesen am 27. Juni 2008, zum 20-jährigen
Jubiläum der Flugschule Aufwind, in der „Gruber-
scheune" in Ramsau am Dachstein/Österreich

Takni Golat steigt auf

Am ersten Januar geht die Sonne meist nicht richtig auf. Sonst geschieht wenig. Scheinbar gilt es an diesem Tag abzuwarten. Die wenigen, die trotzdem die eine oder andere Sache beginnen, warten ebenfalls. Die meisten ohne sich dessen bewusst zu sein. Tätiges Abwarten – so könnte man meinen. Möglicherweise gibt es nur diese Art Daseinsweise. Selbst die drangvollste Aktivität trägt im Verborgenen die eigentümliche Abwartehaltung. Warten auf das, was jegliches Handeln erstrebt. Auch Takni Golat wartet. Schon seit Menschengedenken wartet er. Sich irrsinnig verausgaben und doch abwartend. Oft weiß er davon nichts. So wie beim Atmen das Atmen verheimlicht vor bewusster Kontrolle abläuft. Takni – der Wartende.

Das Dach ist nicht gedämmt. Im Sommer sind dann dort höhere und im Winter niedrigere Temperaturen als draußen oder man dort erwarten würde. Deshalb ergießt sich jetzt sofort ein Schwall kalter Bodenluft herab und überschüttet den, der da nach oben schauend den ersten Schritt hinauftun möchte. Takni Golat lässt sich nicht überraschen. Takni weiß, was er zu erwarten hat und was ihm auch begegnen wird. Nichts wird ihn überraschen.

Noch bevor der erste Schritt getan ist, stürzt die kalte Luft von oben herab. Wie ein Wasserschwall, wenn man in der Sauna den hölzernen Eimer voll eisigen Wassers mit Hilfe einer derben Schnur zum Kippen bringt und dann in starrer Erwartung nach oben schaut. So nach oben schaut, wie Takni Golat an diesem ersten Januartag. Nach dem er gesagt hat, dass er den Aufstieg unbedingt wagen werde.

Oben liegen wie immer die toten Fliegen des letzten Sommers. Bestimmt auch noch einige des vorletzten und irgendwo noch welche, die schon 1936 da oben das Letzte gemacht haben. Als der erste Winter im Dasein des Hauses Kälte unter die Dachziegel sickern ließ. Einfach so machen diese Fliegen hier das Letzte. Keiner weiß woran sie zu Grunde gehen. Vielleicht gibt es eine besondere Art, wie große schwarze Fliegen auf einem Dachboden ihr Letztes machen. Jedenfalls gibt es genügend davon. Da oben. Sommer, Winter und all den unendlich vielen anderen Jahreszeiten.

Man müsste einen Film davon drehen. Ungefähr so: Oben auf einem Dachsparren sitzen 1952 Schmeißfliegen. Die Kälte wird unerträglich. Nichts zu trinken. Kein Tröpfchen. Zu Essen schon erst recht nicht. Da sitzen sie. Jämmerlicher Anblick. Blass. Ausgehungert, zittrig und der Ofen ist aus. Einige heulen vor sich hin. Andere sind in stiller Meditation versunken. Doch da! Die erste stürzt sich aus 2,30 m Höhe direkt auf die staubigen alten Holzbretter. Nicht einmal ein Geräusch ist zu hören. Sie fällt nieder wie eine pechfarbene Feder, um bis zu dem Moment dort zu bleiben, bis zu jenem ersten Januar, da jemand wie Takni Golat dort hochkommt und einige von ihnen unter seinen Hausschlappen zerlatscht. Ein Geräusch, als zertrete man Kartoffelchips. Toller Film wäre das.

Dann steigt Takni runter, holt den Besen, kehrt ihre jämmerlichen Reste zusammen und schon ist Platz für einen neuen Jahrgang dieser Scheissfiecher.

Und dann steigt Takni auf die schorfige Holzkiste. Öffnet die Dachluke und von draußen klotzt ein total blauer Winterhimmel herein. Rund herum, soweit ein Auge reicht oder beide, herrscht Winter. Neues Jahr und die letzten überlebende Scheißfliegen schwirren, mit ihrem Wintermantel bekleidet, Mütze und Handschuhe übergestülpt, Richtung des uralten Birnbaums, um während ihrer ersten Pause auf der Reise ins Neue Jahr, von einer Amsel gefressen zu werden. Sozusagen weggeamselt. Von einer Winteramsel einfach weggeputzt. Doch Amseln fressen ja keine Fliegen. Sie wühlen immer nur im Laub nach irgendetwas anderem.

Takni Golat öffnet den verstaubten Karton mit den Büchern aus der Zeit weit vor der Jahrtausendwende. Kramt das Buch „Die Nixen von Estland", von Enn Vetemaa heraus, setzt sich gemütlich zurecht, auf der Kiste in der die Sammlung Bierflaschen verstaut sein muss. Brauereiflaschen aus Zeiten, da jede Brauerei eigene Flaschen mit eingeprägtem Etikett besaß. Zum Beispiel seine Lieblingsflasche: Brauerei Gabe Gottes, Rottenbach in Thüringen. Eine 1Liter Flasche aus grünem Thüringerwaldglas.

Unterhalb der Schallmauer

(Licht ist die dünne Haut, unter der die Welt
verborgen liegt.)

Am späten Nachmittag haben wir uns hingelegt.
Alles war erledigt. Aus kleinen weißen Säulen entstand
spärliches Licht, das, nachdem es sich seiner milden
Wärme entledigt hatte, in kleinen Portionen durch die
schwarzen Scheiben der Fenster hinaussickerte.
Die Zeit kroch in ihre Ecke und die Ruhe gähnte still.
Draußen tobte winterliche Dunkelheit, einsam durch
torkelnde Schwärme weißer Flocken aus gefrorenem
Erdatem, der am Tage noch die ferne, weiße Wolke
über uns war. Jetzt liegen wir, ohne Ziel, eng auseinan-
dergeschmiegt. Jeder so, dass er ohne die Position zu
verändern die restlichen Jahrzehnte in dieser Stellung
ausharren könnte. Und wir schauen mit geschlossenen
Augen nach oben: Wo sich am Zimmerhimmel, der mit
all unseren Traditionen behangene Baum befindet.
Eingepresst in eine Halterung mit kreuzförmigem Fuß,
den vier daumendicke Bolzen starr verankern. Unter
dessen silbriger Spitze, unser blasses Schauen verweilt
und aufwärts, scheinbar ohne Mühe, der irdischen
Schwerkraft entgleitet. All die hohlen Kugeln, scheinen
zu uns herabsinken zu wollen. Nur der feine silberne
Faden an ihrer rückwärtigen Seite, hält sie. Hält sie wie
Himmelskörper, in mystischer Schwebe über uns. Wie
ein skurriles Universum. Auf dessen dünner Oberflä-
che, als einzige Bewohner, die Gesichter zweier Men-
schen als kuglig gebeugtes Lichtspiel zu entdecken
sind.

Swod Tols nimmt sich ein Buch. So viele Bücher, denkt sie in sich hinein. Da. Direkt vor ihrer Hinaussicht. Wie sie sich anbieten. Diese Bücher. Wie sie lauern. Schon verständlich, dass man da zugreift und irgendeins zu sich hernimmt.

Plötzlich geschieht das. Man schlendert so dahin, hält wie von Fremden gesteuert inne, denn ausweichen geht nicht mehr, wenn sie direkt vor einem sind und plötzlich ist der Gedanke unvermeidlich: Diese Menge Bücher! Wie sie da bloß hin kamen? Wo sind sie entsprungen? Was tun sie an dieser Stelle und warum? Ziehen sie nicht irgendwann weiter? Lauern mir und genau hier auf; stoisch ohne Respekt und auf ihre eigentümlich büchische Art.

Swod Tols muss sich erinnern. Ohne Erinnerung gibt man sich keine Antwort. Woher und wohin existiert nur durch Erinnerung. Swod erinnert sich gern. Das meiste was sie ausmacht, wovon sie lebt und was sie vorwärts bringt sind ihre verborgenen Gedankengespinste. Gläserne Vitrinen in ihrer endlosen Innenwelt. In weiten Hallen ohne Augenlicht.

Vielleicht geht man einfach weiter, einer nächsten Angelegenheit entgegen. Wäre zu überlegen! Oder nicht? Aber dort gibt es ja das Gleiche zu erledigen: Erinnern. Vorauserinnern oder zurückerinnern? Egal. Immer ein Staunen über die unerwarteten Erscheinungen des Vergangenen und vergessen Geglaubten. Denn Zukunft ist ja nur mit Glauben versetzte Vergangenheit.

Jetzt sind es zufällig die Bücher. Diese seltsamen Gedankenwesen, die Erinnern heraufbeschwören. Kantige Wesen, mit einem Skelett aus Papier und Pappe. Mit Sehnen aus Fäden, die ihre Wirbelsäule straffen, eigenartigem Geruch und unendlicher Vielzahl von Gesichtern, versehen mit körperlicher und geistiger Größe.

Da stehen Sie: gelangweilt, durchwalkt, bedroht, vergilbt, durchstöbert, verschleppt, verschrien, beschmiert, verkohlt, besudelt, geliehen, bezichtigt und abgeschrieben; flachgelegt oder aufrecht, beschrieben, missachtet und vergessen.

Da sind sie, an ihrem Platz. A Priori – wie die Ewigkeit des Universums. Zu Allem fähig, alles in sich, meist bedeutungslos, jedoch aller Sinnhaftigkeit bemächtigt der sie habhaft werden konnten. Dem ewigen Kreislauf von Untergehen und Auferstehen zugehörig.

**The web is woven
and you have to wear it.**
(Wallace Stevens)

The redeemer is everywhere

Sei endlich unmenschlich!

Der Autor

Wolfgang Otto Martin Sobol, geb. Plan
Geboren am 22. Juli 1952 in Blankenhain/Thüringen

Adresse:
Am Bahnhof 9
98587 Steinbach-Hallenberg / OT Altersbach

WOMS@sobol.info
WWW.sobol.info
www.instagram.com/wolfgangsobol
www.facebook.com